自己肯定感の持ち方であなたのまわりが変わりだす

ハッピーライフ・コンサルタント
恒吉彩矢子

がんばること
より、今の自分に
OKを出そう！

青春出版社

はじめに

なんだか元気がなくなることが、いろいろとありませんか？

イヤなことを言われて、へこんでしまったり。

せっかくやったことが報われなかったり。

年齢のせいか、恋愛がうまくいかなくなったり。

思うようにならないことが起こって、オロオロしたり……。

そういうことが重なると、ついつい「私がダメだから」と自分を責めたり、認められない自分にガッカリしたり、年齢に引け目を感じたり、無力さを嘆いたりと、自信を失ってしまいますよね。

もっと自分はこうであってほしいのに、そうではない。

前のようにはならないことがあれこれと出てきた。

それを実感すればするほど、落ち込んだり、楽しそうな人を見るのが苦しくなったり、そんな自分をまた責めてしまったりというループにはまってしまうでしょう。

「自分をいいね」と思える感覚。

「自己肯定感」と呼ばれる感覚は誰もが持っています。

けれど、人それぞれ〝強さ〟が違います。

自己肯定感が強いと、イヤなことを言われても、それで「自分はダメだ。変えなければ」とは思わないので、さらりと受け止めて傷つくこともなければ、ブレることもありません。そして、自分のペースでイキイキと生きることができます。

けれど、そういう人のほうが少数派。

自己肯定感が弱いと、「自分のどこが悪かったんだろう」といつまでも気にしたり、「直さないといけないかな」と人の言葉に左右されたりするので、いつもモヤモヤしてしまうのです。

あなたにも、そういうところがありませんか？

私も自己肯定感が弱めでした

私は、もともと自己肯定感が弱めでした。

人にどう思われるかを気にして、服ややることを決めたりと、「よく思われよう」「評価してもらおう」としていたのです。

そのおかげもあって、ＯＬとして働くようになってから、それなりに評価をされて、自分に自信を持てるようになっていきました。

けれど働き始めて5年目のときに、ある上司がやってきてから、それが一変したのです。

私はその上司から、「それで仕事をやっているつもりなのか？」「よくそれで大学を出たと言えるね」「信じられないくらいダメだな」と、今まで経験したことがないくらい、自分を否定されたのです。

それでも、真面目な性格だったので、「ダメなんだから直さなければ」「上司の気に入るように仕事をしなければ」と自分を責め、上司の顔色をうかがい、休みのときも、「またこう言われるかも、また否定されるかも」と、苦しいシミュレーションをしては神経をすり減らしていたのです。

そうしていたら悲鳴をあげたのが体でした。

あるとき、体中に湿疹ができて肌がガサガサになり、顔がむくんで耳の皮までむけるようになってしまったのです。

今にして思えば、「自分より人のことを優先させて、自分を否定し、イヤなことばかりを考え続けると、こんなことが起こってしまうよ」というお知らせだったようにも思います。

私はこのことをきっかけに、心や体のことを学ぶようになりました。

それで、自己肯定感が少しずつ強くなっていきました。

そうしたら、**「人に気に入られよう」「認められよう」と頑張ることをしなくなったのに、自分に起こることが嬉しいことばかりになっていき、結婚相手まで現れるようになったのです！**

あなたも今、自信を失って、他人のことを気にして、自分を大切にできていなくはないですか？

もしそうだとしたら、近い将来に、私と同じようなお知らせが来てしまうかもしれません。

ですから**今、方法を知って、自分に起こることを変えてみませんか？**

頑張らなくて大丈夫。「5つのOK」を出すだけでラクに幸せになる

この本では、自己肯定感を「高い」「低い」ではなく、あえて「強い」「弱い」と表しました。それは私が、自己肯定感は本来誰もが強いのに、「今はただ、様々な理由で弱っているだけ」と思っているからです。

弱っているだけですから、自己肯定感は必ず強まります。

「うまくいかなかったことがたくさんあるから、自信なんて持てない」と思うかもしれません。

「悩みのタネのあの人は、そうそう変わらない」と思うかもしれません。

けれど、**自分や人をムリに変えようとしなくても、起こることは変わるのです。**

むしろ今まで「変えなきゃ！」と思っていたからこそ、変わらなかったのです。

そして、**大変なこと、イヤなこと、ムリなことをしなくてもいいのです。**

むしろ今まで、いろいろな情報を仕入れて、「これをやらなきゃダメだから」とムリにやろうとしていたからこそ、うまくいかなかったのです。

あなたがやるのはただ、**「自分の思いに気づき、認め、自分を大事に、心地よくすること」。**

自分にＯＫを出して、心地よくすればするほど、心地よい未来が起こるようになっていくからです。

頑張ることも、努力することも、いい人でいることも、あなたは今までたくさんやってきたはずです。そうでなければ、悩むことなどないはずですから。

けれど、**「思ったことが引き寄せられる」**とも言います。

まずは、「頑張らなければ幸せになれない」と、**「自分が思っていたから、そういう**

現実になっていた（のかも？）」と気づくことから、あなたを取り巻く世界は変わっていきます。

「変わる」というよりも、自分の自己肯定感の持ち方によって、周りの人が、同じ人ではあるけれど、違うことを考え、違うことを行動する世界に「移動する」という感覚かもしれません。

この本は、あなたの周りを心地よい世界に変えていくための本です。

「今まで、自分のことを後回しにしていなかっただろうか」

「自分の思いよりも、『人にどう思われるか』を気にしていなかっただろうか」

　そういったことにたくさん気づき、自分をもっと大事にして、心地よくすることで、自己肯定感を強めれば強めるほど、あなたの世界は変わっていきます。

　私は体を痛めたことをきっかけに心の学びを深め、今は20冊以上の本を書き、のべ５０００名以上の方のお悩みをお伺いするようになりました。

そして、悩み、自分らしく生きることを阻む大きな原因が、**「自分にＯＫを出せない」**という、自己肯定感の弱さだと分かってきたのです。

自分に厳しすぎるので、自分にダメ出しをしてしまうし、人に優しすぎるので、人の言うことは聞かないといけないと思ってしまい、いつも心が揺らいでしまいます。
だから、人間関係に悩んだり、恋愛や結婚がスムーズにいかなかったり、仕事が難しくなったり、生きづらさを感じたりしやすくなってしまうのです。
けれど、この本の方法で自己肯定感を強めていくと、職場の人間関係で悩んでいた人が、早いと翌日には、その相手が、「怖いくらい機嫌がよくなっていたんです！」と驚くような変化が起こったりもするんですよ。

この本では、私やクライアントさんが実践して効果があった、**「自分」「人」「トラブル」「せかしあ**（自分を世界一幸せにする）**」「幸せな未来」**の５つにＯＫを出すことで、自己肯定感を強め、自分を取り巻く世界を変えていくための様々な方法をお伝えしていきます。

心理学の専門家が書いた本とはちょっと違うアプローチもしています。

心に響いたところを、何度か繰り返し続けていくと、少しずつ自分を縛っていたものがゆるんでいくのを感じることでしょう。

そして心と体が軽くなって笑顔が増え、いつの間にかトラブルが減ったり、いいことが起こったりしていることに気づくようにもなるでしょう。

自己肯定感を強めていった方が、20年婚活してもご縁がなかったのに、するっといいお相手を見つけて結婚したり、許せないお母さんとの葛藤を乗り越えて笑い合えるようになったり、自分に正直になることで、あきらめていた夢に向かうようになったりと、多くの変化をしていくのを私は見てきました。

そして、

「ほんの少し思考回路をゆるめるだけで、こんなにラクになるなんて！」

「苦手な人に会わなくなったんです」

「報われない気持ちがなくなりました」

「ようやく本当の自分を生きられるようになりました」……

という、嬉しいお声もたくさんいただくようになりました。

もう頑張らなくても大丈夫です。

ぜひ心地よく楽しみながら、自分にたくさんのＯＫを出してみてください。

どんな自分も大事に思えるようになると、自分が大事にされる出来事が起こるようになります。

そしてあなたの周りがどんどん素敵に変わり始めますよ。

自己肯定感の持ち方で、あなたはもっとラクに、幸せになります。

あなたが、本来の自分に戻り、たくさんの嬉しい変化を受け取って、笑顔がこぼれる日々になりますよう、応援しております！

ハッピーライフ・コンサルタント　恒吉彩矢子

目次

第2章

「人」にOKを出す

第3章 「トラブル」にOKを出す

第4章 「せかしあ」することにＯＫを出す

第5章

「幸せな未来」にＯＫを出す

カバーイラスト　tets/Shutterstock.com
本文デザイン・DTP　リクリデザインワークス
企画協力　遠藤励起

第1章

「自分」にOKを出す

一番の基本は「自分」の思いや感情に気づき、心地よく軽やかにしていくこと。
自分の心を認めて、新しい扉を開く準備を整えましょう。

自己肯定感の持ち方で私の人生は変わりました

「もっといいことばかり起こったら、ストレスもないし、毎日が楽しいと思えるのに」と思うことはありませんか？

けれど、頑張っているのに報われなかったり、理不尽なことが起こったり、イヤなことを言われたりと、大変なことは日々起こります。

また、他の人のほうが幸せそうだったり、認められたりしているように思えて、苦しくなってしまうこともありますよね。

毎日起こる大変なことや、人と比べて湧き上がる心のモヤモヤ。

そんなときに、物事をスムーズに乗り切る要素の一つが**「自己肯定感」**です。

「自己肯定感」というのは、**「自分のことをいいねと思える感覚」**のこと。

もう少し詳しく言うと、**「マイナスな部分も含めて、どんな自分もいいねと思い、**

信じ、認めることができる感覚」のことです。

自己肯定感が強いと、報われないことがあっても、「自分がダメだから」とは思わず、「そのためにやった経験はムダじゃない」と評価できるし、「次は大丈夫」と自分を信じることができるので、いつもパワフルでいられます。

また、人から「出しゃばり」などと悪口を言われても、「それもあっての自分だから」と意に介さないので、いつも自分らしくいられるのです。

けれど自己肯定感が弱いと、報われないことがあると「どうせ私は」と思ったり、なんとか認めてもらおうと頑張りすぎたり、人の顔色ばかり見たりしてしまいます。

さらに悪口を言われたら、それを「自分の評価」と思って気にしてしまうのです。

そのため心の底にはいつも不満や不安があるので、なんとなく閉塞感がある毎日を過ごすようになってしまうのですね。

この傾向は、優しい人や頭のいい人ほど強いのです。

なぜなら、謙虚すぎて自分を低く見積もってしまう人や、頭がよすぎて人と比較しすぎてしまう人は、ついつい「自分はまだまだ」と思ってしまうから。

ですが、それはものすごくもったいないのです。

自分のことを認めず、「私の力が足りないからだ」と自分を責めたり、人を気にしたりしていると、いつまでたっても自信を持てないし、人にも左右されてしまうし、トラブルもうまく乗り越えられなくなってしまうからです。

会社員のときに上司によるストレスに耐えていたのが、まさにこの状態の私でした。

その頃の私は、以前はできていたことを否定されて自信を失い、上司に評価をしてもらうために右往左往して、トラブルという波に翻弄される、ちっぽけな笹舟のように自分を思っていたのです。

あなたも今、私と同じように、自分のことを「笹舟」だと思ってはいませんか？

自分はただ流されるだけの、運が悪いと岩にぶつかって転覆してしまう、か弱い存在だと思っていたりしませんか？

そう思っていたら、それは間違いです。

周りの人が何を言っても、自分に何が起ころうと、あなたはゆるぎなく幸せに自分の船の舵を取り、自分が見たい風景の場所に船を進めていける存在なのです。

そのカギになるのが**「自己肯定感」**。**自分の自己肯定感の持ち方が変わると、周りの人もそれに伴ってどんどん違う面を見せてくれるので、心地よい関係を作ることができるようになっていくのです。**

上司のパワハラによって、湿疹だらけになった私でしたが、それによって、私の意識は、上司から「自分の体」に向くようになりました。

そして今まで健康であるがゆえにあまり気にしていなかった、体のケアをするようになったのです。

よい睡眠をとるようにしたり、リラックスするためにお風呂にアロマオイルを垂らしたり、アレルギーを防ぐ食べ物に変えてみたり。

そうやって**「他人」ではなく、「自分」を第一に思うようになったこと。**さらに、**「自分の体を大切にすること」で、「自分は大切にされる存在なんだ」という思いが強まっていきました。**

そうするうちに、いつ治るか先の見えなかった湿疹が、別の病院で塗り薬を処方してもらったとたん、ほとんど消えてしまい、二度と発症しなくなったのです。

さらにこのことをきっかけに、私は「人に振り回される人生ではなく、自分を生きる人生にしたい」と会社以外の道を探しはじめました。

「私は自分が望む人生を生きられる」と、自分を信頼できるようになったことも、自己肯定感を強めてくれました。

それで、会社に行きながらアロマセラピーの学校に通いたいと思ったのですが、案の定、上司は難色を示しました。私も会社を辞めるしかないと思っていました。

けれど、思いがけない援軍が現れたのです。それは、上司の上司である部長でした。部長が応援してくれたおかげで、私は働きながら、年間で30日くらい会社を休まなければいけない学校に通うことができたのです。

そうして、新たな学びにイキイキとして、**「自分はできる」「自分は大丈夫」「自分は受け取れる」**と思っているうちに、上司のことが気にならなくなっていきました。

そして1年後、学校の卒業とともに会社を退職したときには、その上司が「僕はけっこう恒ちゃんのことが好きだったんだよ」とニコニコして言うくらいになっていたのです！

上司は同じ人間です。けれど、私の自己肯定感の持ち方が変わったら、上司は別の面を見せるようになり、周囲の人も協力をしてくれるようになりました。

頑張ろうとか、気に入られようとするのではなく、ただ**「自分を大切にし、思いを尊重し、やりたいことをやる」だけでも、自分の世界は変わっていくのです。**

これは私に限ったことではなく、誰にでも起こること。

もし起こっていなかったら、それはあなたが、自分を認め、大切にする方法をまだ知らないだけです。

ですから、あなたの弱っている自己肯定感をしっかりと強めていきましょう！

「ない」に目が向く人、「ある」に目が向く人

あなたは、コップに水が半分入っているのを見て、「もう半分しかない」と思うでしょうか？　それとも「まだ半分もある」と思うでしょうか？

「半分しかない。どうしよう」と思うとき、自分は失う怖《おそ》れを感じています。

けれど「半分もある」と思うときは、あるという喜びを感じています。

私は、**自己肯定感というのは、「ない」と「ある」のどちらに意識が向いているか、というのも大きなポイント**だと思っています。

思い返すと、上司に苦しんでいたときの私は「ない」ばかりを見ていました。

「認められない」「いいことを言われない」「書類を承認してもらえない」……。

そうしてずっとオドオドしていたのです。

けれど、「ある」を見るようになったら、それが変わっていきました。

「この件は認めてくれないけど、別の件はすぐにＯＫが出たな」とか、「さっきは少しマシなことを言ってくれたな」とか、「承認をもらう間、別のことをしていればいいか」とか、「ない」ではなく、ちょっとはできたことや、それによってできることが「ある」と気がつくと、心がホッとラクになったのです。

そして自分の雰囲気がオドオドしなくなったことが、上司が前よりも高圧的でなくなった原因のように思いました。

その経験があった私が見つけた法則が、**「『喜び』と『怖《おそ》れ』の法則」**です。

「『喜び』と『怖れ』の法則」とは、

・人は「ある・得る」と気づくと喜びを感じて、いい気分になる
・人は「ない・失う」と気づくと怖れを感じて、イヤな気分になる

というものです。

あなたは、仕事や、人とのやりとりや、自分に起こることでついついイヤな気分になっているとき、「ない・失う」ことばかりを見ていないでしょうか？

「うまくいか『ない』」「評価され『ない』」「もう若く『ない』」……。

「ない」と思うから、怖れを感じて、イヤな気分になって落ち込んでしまいます。

けれど、あとで詳しく説明しますが、落ち込んでいると、ますます落ち込む現実が起こるだけなのです。

ですから、そんなときにおススメなのが**「ある探しゲーム」**です！

ある探しゲーム

●その1　自分の「ある」を見つける

落ち込んだら、自分がすでに得ているもの、「ある」ものを見つけてみましょう。

「しんどいけど、空調のある部屋にいられるのは幸せかも」

「いろいろあるけど、生きているだけで丸儲け！」

「100円で挽きたてのコーヒーを飲める時代に生まれてラッキー」

　そんなふうに思うだけで、マイナスが満たされていき、ちょっと心が軽くなるのを感じませんか？

●その2　「ない」ことの「ある」を見つける

「ネガティブなこと」があったら、「得たこと、気づいたこと、学んだこと、そのおかげ」という、「ある」を見つけてみましょう。

「うまくいか『ない』、そのおかげで新しい方法を見つけた！」

「評価され『ない』、だから評価にこだわるのをやめて軽やかになれた」

「もう若く『ない』、そのおかげで今まで着なかった服にチャレンジできる」……

そうすると、**「ネガティブなこと」が「自分のためになったこと」に変換されるの**です。

●その3　自分の性格の「ある」を見つける

気分が落ちていると、自分は「足りない」と思ってしまいますが、そういうときこそ、**「自分ができているところ」を認めてみましょう。**

自分の性格は、欠点ばかりが気になってしまうかもしれません。

「すぐに傷つく」「頑固」「片づけが苦手」……。

さらに、「いい学校を出ていない」「結婚していない」「収入が少ない」等々と、引け目を感じていることがあるかもしれません。

そういったことも、**「ない」でなく、「ある」「おかげ」を見つけてみましょう。**

「傷つきやすいおかげで、人を傷つけることはあまりしない！」
「頑固なおかげで、自分らしさを守れている」
「片づけ上手になる余地がある！」
「いい学校ではなかったけれど、いい友達に会えた」

「結婚していないおかげで、自分の趣味の時間をたくさん取れる！」
「収入が少ないおかげで、やりくり上手になった」……

そうやっていくと、自分が「足りない」と思い込んでいたことにも、ちゃんとプラスの意味があるのだと気づけるでしょう。

自分の**「欠点」は「魅力」になる**のです。

自分は「足りない」「ない」と思っていると、自分の空洞を人からの評価で満たそうとしてしまいます。けれど、人の評価は思うようにはなりません。

けれど、自分で自分の「ある」を見つけて自分を満たせるようになれば、人の評価に依存しなくてよくなります。

自己肯定感の弱い人は「ない」に目が向いています。

自己肯定感の強い人は「ある」に目が向いています。

「ない」と思っていることにも「ある」を見つけられるようになると、自分にも人にも物事にもＯＫを出せるようになっていくし、いい気分にもなれるのです。

イヤな気分になったら、「ある探しゲーム」をするようにしてみましょう。

自己肯定感が少しずつ強まっていきますよ！

自分に起こることは自分が引き寄せている？

上司に悩んでいた頃の私は、「自分に起こることは運命によって決まっている」と思っていました。

だから運が悪いとイヤな上司が来るようなことが起こり、運がいいと福引に当たるといったラッキーなことが起こると思っていたのです。

なので、**「自分に起こることは自分が引き寄せている」**という「引き寄せの法則」を知ったとき、すぐにはとても信じられませんでした。

あのとき、「上司がもっと私を認めてくれたら！」と心の底から思っていたのに、現実は毎日別室に呼び出されて延々と叱責される日々だったのです。

けれど、よくよく自分の心を見てみると、実はドンピシャリなことが起こっていたことに気づきました。

引き寄せるのは、「自分が思っているもの」と、「同じ波長のもの」といいます。

波長というのは、「自分の雰囲気」とか「発しているもの」のことですね。

当時の私は、「明日もまた呼び出されるのか」と思っていました。そして思っていた通りに呼び出されていました。

さらに「認めてくれたら！」と思っていた私が発していたのは、「認めてもらっていない人」という波長でした。だから、まんまと「認めてもらえない」ということを引き寄せていたのです！

どうでしょう？　あなたも同じようなことをやってはいないでしょうか。

例えば、「もっと周りの人が優しくしてくれればいいのに」と思う現実になっているとしたら、**自分の思いと、発している波長、さらにやっていることを確認**してみていただきたいのです。

「どうせ私は大事にされない」と、ついすねてしまってはいませんか？

実はあなたも人に批判的で、優しくない見方をしていることがありませんか？

自分自身に対しても、「私はこれでいい」と適当な扱いをして、大切にしていないことがありませんか？

そういった**自分の思いや発する波長や行為が、現実に反映している**のかもしれませんよ。

近年では、この現象が、量子力学の分野で**「並行現実（パラレル・ワールド）」**という言葉で説明されています。

今まで、自分の現実というのは、「過去」があって「現在」があって「未来」に続いていく、一つのものと考えられていました。

けれど、実は「現実というのは何パターンもあって、自分次第でいくらでも移動できる」というのが、ざっくりとした説明になります。

それは例えると映画館です。

映写機が「自分」だとすると、スクリーンに映るのが「現実」、観客は「周りの人」です。

自分が暗くてどんよりした映画を流せば、どんよりした光景が映し出され、観客もモヤモヤして機嫌が悪くなります。

けれど自分が楽しさあふれる映画を流せば、楽しいシーンが映し出され、観客は笑顔になったり明るくなったりするでしょう。

映写機は同じです。スクリーンも観客も同じです。けれど自分次第で映画が変わるので、起こる現実も変わるし、周りの人の反応も変わる、ということになります。

映すものを決めるのは、自分の**「思い」**と**「感情」**です。

つまり**「自分の思いと感情次第で、自分に起こる現実が変わる」**ということです。

日常のことに例えてみると、朝に出社したとき、寝不足の冴えない気分で気のない挨拶をしたら、課長が不機嫌な顔になって、返事もしてくれなかった。

けれど、午後に自分の仕事のミスが見つかり、それを課長が手伝ってくれたので、涙を流さんばかりに心を込めて感謝したら、課長が上機嫌になって、コーヒーまでおごってくれた、というようなこともあるでしょう。

自分も課長も「同じ」です。でも自分の気分によって、相手が見せる面は変わるし、それによって起こることが変わることもありますよね。

このようにして、誰もが自分の気分によって、一日のうちにもどんどん違う現実に移動しているのです。

「自分に起こることは自分次第」

「自分の心の持ち方が変わると、見える世界も起こることも変わる」

これを「確かにそうかも」と思ったことが、私の自己肯定感をググッと強めてくれたのです。

「思い込み」を解除する魔法の言葉

今の自分の現実が、「大事にされていない」「自分には価値がないように思える」「結婚やパートナーシップがうまくいかない」といった望まないものであって、さらになかなか改善されないと、それが「どうせ自分はそうだから」という「思い込み」になってしまっていることもあります。

すると、**「そう思っているからそうなる」という思い込み通りの現実を生きる**ことになってしまうので、もったいない！

そういう思い込みをなくせば、現実を変えることができます。

ですから、どんどん解除していきましょう。

そのための魔法の言葉があります。

それは、**「そうじゃないこともあるよね」**。

自分が思い込んでいたことというのは、「どうせそう」と思っていただけで、そうじゃないことは必ず見つかります。

例えば、「大事にされていないと思っていたけど、そうじゃないこともあるよね。前は親切だったから、今だけかも」。

「そうじゃないこともあるよね。あの人はそうだけど、別の人はけっこう優しい」

それに気づくと、「自分は大事にもされている人」という思いに変わることで、自分の発する波長も変わります。

さらに、余裕がなくて落ち込んでいた心がフッと軽くなるので、思いにプラスして感情も変わっていきます。

「思いと感情」が変わると、自分の立ち位置が「自分はどうせ大事にされない」という現実から、「大事にされる人」という現実に移動します。

すると、「大事にされたのは以前のこと」と悲しく思っていた過去の出来事が、「前に大事にされていた実績もあるし！」という、自信のある過去に変わります。

もちろん自信のない自分と自信のある自分では、これから先に起こることも変わっていくでしょう。

自分の「思いと感情」次第で、現実も、過去も未来も変わるのです。

また、現実が望んでいるものでないと、「過去にこういうことがあったから」と、過去に原因を探して、「だからムリ」と思ってしまうこともあるかもしれません。

けれど**過去に何があったって、自分の思いの持ち方次第で、これから起こることはいくらでも変わっていくのです。**

もし、「あなたは○○だから」と言われたことや、「自分は○○だから」と思っていることが、「いい気分になれない言葉」だったら、それはただの**「悪い呪い」**です。

「そう思うから、そうなっていたのかも！」と気づいて、**「そうじゃないこともあるよね？」**と解除して、いい気分に戻りましょう。

そして、さらにもう一つの魔法の言葉を使いましょう。

その言葉とは、**「それがあったって、こうなってもいいよね～！」**です。

アクションをつけるのが、さらにおススメです。

例えば、「自分は大事にされていない」ということが自分のモヤモヤする思い込みだとしたら、脇をしめて、手のひらを上に向けた、「お手を拝借」のポーズをしながら、**「今大事にされていなくても、これからたくさん大事にされてもいいよね～～～！」**と、手のひらをプルプルと左右に動かしながら言ってみるのです。

おかしくなって、プッと笑えてきたら大成功！

笑いは一気に心をゆるませて、自分の波長を軽やかに変えてくれます。

自分に厳しいと、「いいよね～」となかなか言えないかもしれません。

「そうはいっても、難しいかも」と思ってしまうからです。

でも、そんなときも「いいよね～」です。

「難しいかもしれないけど、幸せになってもいいよね〜〜〜！」

手のひらプルプルとニヤニヤもぜひセットで。

同じようにして、あなたのイヤな思い込みを、どんどん解除していってください。

「いい歳だけど、幸せな結婚をして若い旦那さまとラブラブしてもいいよね〜！」

「お金にピンチなことがあるけど、お金がガッポガッポ入ってもいいよね〜！」

「調子が悪くて動けないけど、楽しいことがたくさん起こってもいいよね〜！」

ネガティブな過去や現実があったって、未来の可能性は無限なんです。

そのとき、**軽やかな調子でやるのがポイント**ですよ。

気が進まないまま、ムリに「やれと言われたからやらなきゃ」と思っていたら、気分が重たくなる現実が現れるだけです。

けれど、望む未来を軽やかに許可して、自分をいい気分にしていたら、「思いと感情」が変わります。自分がイキイキとします。そうすると元気にもなるし、やってみたい、という直感が冴えたりします。そうするうちに、自分の波長に合う軽やかで嬉しいことが起こりやすくなるのです。

「私は太めだから彼氏ができない」と思っていたセミナーの受講生さんは、**「太めだけど、ステキな彼氏ができてもいいよね〜！」**と、自分にＯＫを出せるようになりました。それで、体型を隠す服を着るのをやめて、太め女子向けファッションのネットショップで服を買うようになり、おしゃれを楽しむようになっていったのです。

そうしたら「ふくよかな人って癒されるんだよね」と言う、ぽっちゃり女子が好きな彼氏が現れたんですよ！

「そんなにうまいことは、そうそう起こらないんじゃない？」と思っていたら、**「そう思っている通りの現実になるだけ」**ですから、もったいない。

それよりも**「現実は、自分の『思いと感情』が映し出している（のかも？）」**と思って、うまくいかないことが起こっていたら、「自分が本当は思っていること」「発している波長」「やっていること」はどうだろうか、と確認してみてください。

そして、「こうなってもいいよね〜」と軽やかに許可してみてください。

私は、仕事が手いっぱいになって困っていたとき、「できる人」と思われたくて、一人で頑張っていたことに気づきました。それで、それをやめて、「頼ってもいいよね〜」と、助けてもらえる自分を信じてみることにしたのです。

そうしたら、「できない人」と思われるどころか、協力をお願いした人たちが、「頼られて嬉しい」「役に立てて嬉しい」と、喜んで助けてくれるようになったのです。

もちろん仕事もラクになりました。

自分の思いによって、周りも変わっていくのです！

とことん自分の味方になりましょう

けれど、「いいよね〜」となかなか思えなかったり、「あの人に比べて私は」と、人と比較して悲しくなったりして、どうしても自分を認め、肯定することができないこともあるでしょう。

さらに、「そう思えればいいのに、なかなか思えない自分はダメ」と、できない自分を責めてしまうことも、真面目な方であればあるほど、やってしまいがちです。

そんなときの魔法の言葉は、**「そういうときもあるよね」**です。

「ついつい自分を責めるよね。そういうときもあるよね〜」

「うらやましく思うよね、あんなに嬉しそうなんだもん。そう思うときもあるよね〜」

「いいよね〜って思えればいいけど、そうできないこともあるよね〜」……

自分で、自分に寄り添いましょう。

頑張ろうとしても、できないときもあるんです。

それを責めて、自分をイヤな気分にさせたら、自分がかわいそうです。

自分こそが、とことん自分の味方になりましょう。

自分の頑張りを十分ねぎらいましょう。

ダメなところがあったって、人と比べて足りないと思うことがあったって、うまくいかないことがあったっていいんです。

なぜなら、**誰もが皆、すでに大肯定されて、愛されているからです。**

誰から？　というと、ちょっと怪しくなりますが、「宇宙」です（笑）。

スピリチュアルな考え方は証明できませんから、正しいかそうでないかは分かりません。ただそれで「心がラクになる」のならば、私は取り入れることにしています。

その考え方によれば、人というのは、宇宙（天とか神様とかワンネスとか称されることもあります）の一部を魂として体に入れて、体のない宇宙の代わりに、五感や感情を使った体験をしているのだといいます。

宇宙の一部ですから、人が「こうしたい」と思うことは応援され、直感やシンクロによって叶いやすくなります。

さらに宇宙は万能でなんでもうまくいくので、味わいたいのは「楽しいこと」だけでなく、「苦しいこと」や「悩むこと」、「迷うこと」もあります。だから、人が頭では「こんなこと起こってほしくない」と思うことも、「魂レベルで許可している」から起こるのだというのです。


自分に起こることはどんなことでも、魂レベルで許可した「体験したいこと」や「自分のためになること」、つまり「最善のこと」。

大事なのは「体験すること」と「さまざまな感情を味わうこと」なので、失敗することも、悩むことも、はたまた人を傷つけてしまうことさえも、「よくぞ苦しいチャレンジをした」と、オールOKで大肯定されている……。

そういう考え方があるんですね。

私はそれを自分の経験に当てはめてみたら、やっぱり「そうなのかも」と、パズルのピースがピタリとはまるように思ったのです。

私は上司によるストレスで体がボロボロになりましたが、そのときに苦しみ、悩み、頑張った経験は、すべてその後に「自分の役に立つこと」でした。

さらにそのおかげで、体や心のことに興味を持つようになり、会社員をやめて、リラクゼーションのお店を開いたり、本を書くようになったりしましたが、あの上司がいなければ、今の私はいなかったでしょう。

それに気づいたら、彼のことを責める代わりに、**「マイナスの恩人」**と思い、あれは最善のことだったのだと肯定できるようにもなったのです。

そして、思いがけず部長が助けてくれたことも、「本気で動けば、それが叶うように応援される」という実感になりました。

自分は一人ではなく、大いなるものとつながり、他の人ともつながって、自分の恩

いを叶えるように世界は動き、周りが変わっていく、と思うようになったことも、私の自己肯定感を強めてくれました。

もし「そういえば自分にも思いがけないことがあった」とか、「そう思うようにすると、なんだか安心するかも」とか思ったら、ぜひこの考え方を覚えていてください。

自分を責めることのない、「心が軽くなる考え方」を取り入れると、軽やかな未来に変化していきますから！

重苦しいスパイラルから脱け出す「軽やかアクション」

「仕事をうまくいかせたいのに」「早く結婚したいのに」と思っているのにうまくいかないと、「前のように頑張りがきかないからだ」「年齢が上がってしまったせいだ」と、暗くなってしまうかもしれません。

そうすると、ミスをしたら「私はもうダメなのかも」と焦ったり、男性社員が若い女性社員と話しているのを見るだけで、「やっぱり若いほうがいいのよね」と落ち込んだりと、さらに苦しいスパイラルにはまってしまうこともあるでしょう。

でもそれは頑張りのせいでも、年齢のせいでもないのです。

それはただ、**「自分の波長が重くなっているだけ」**なんです。

気分がいいと、仕事がサクサク進んだり、男性社員が誰としゃべっていても気にならなかったりしますよね。そういう自分もちゃんといるんです。

けれど、気分が落ちているから、ついつい悪いほうに考えたり、すねたり、批判的になったり、イライラしたりしてしまうのです。

すると周りも気を遣ったり、イライラした反応をしたりするので、よけいに気分が悪くなることが起こるようになってしまうんですね。

それを変えるのが**「軽やかになること」**です。

間違えやすいのですが、これは、**ムリヤリ明るくするとか、ポジティブになれ、というのではありません。**

目指すのは、**「自分が心地よく、ラクで、安心、リラックスしていられる、ゆるん**

だ状態」になることです。

リラックスしていると、ものごとを軽やかに考えられますし、ムリをしないので、のびのびと自分らしくいられます。そうすると自然と明るくなるし、心に余裕があるので、人と争わず「いいよいいよ」と許すことができるので、好かれるようになります。心地よいこともよく起こるようになります。

「自己肯定感が強い」というのは、ストレスがなく、いつも安心・リラックスできている状態だともいえます。

だから、自分が暗くなったり、イライラしたり、批判的になっていたら、**「重くなっているな。このままだと重いスパイラルにはまってしまう」**と気づきましょう。

そして、自分をゆるめ、軽やかになるアクションをしてみましょう。

軽やかアクション

●その1　顔と体をゆるめる

顔が緊張していたら、眉間を開き、目元をゆるめ、口角を上げて、ニコニコーッと

ほほえみましょう。うつむいていたら、**顔を上げます。**

大きく息を吐いて、大きく吸って、たくさん酸素を吸い込んで**深呼吸**しましょう。

そして肩を上下させたり回したり、グーッと伸びをして、**肩甲骨まわりをほぐして胸を開きましょう。**手をぶらぶらさせながら、何度かジャンプするのも効果的です。

体をほぐして心地よくすると、心もゆるみますよ。

●その2　自分がリラックス、ゆるむ、楽しいことをする

あなたは、どういうことをするとゆるむでしょうか？　温かいお茶を飲むこと？　美味しいものを食べること？　歌を口ずさむこと？　ぬるめのお風呂にゆっくりつかること？　自分だけの**「リラックスのツボ」を見つけて、それをやりましょう。**

「思うだけ」でもいいんですよ。会社で叱られてションボリしても、「家に帰ったら、録画しておいたドラマを見るぞ！」と楽しくなることを思って嬉しい気分になれば、ションボリした波長から、楽しい波長にパッと変わります。

●その3　自分がラクになる考え方をする

気分が落ち込んでいるときというのは、必ず「ない・失う・望まないこと」を考え

ているはずです。そういうときは、「落ち込んでいると、落ち込むことが起こるだけ！」と思い出し、「そうじゃないこともあるよね」と**「ある」を見つけたり、楽しいことを考えたりするようにしましょう。**

また、どんな体験も「自分に必要だったことかも？」と思ってみるようにトライしてみましょう。「そういうときもあるよね」とねぎらいましょう。

できていない自分も、うまくいかない自分も、醜い感情をいっぱい持っている自分も、オールOK。

必ず、「そのおかげ」があって、自分のためになっているのです。

「軽やかにならなきゃ！」と思ったら、すでに力が入っています（笑）。

「力が入っているな」「マイナス思考が続くな」と思ったら、笑顔を浮かべて、フーッとリラックスするのを習慣にするだけで、軽やかでいることが多くなります。さらに第4章でお伝えする「せかしあ」も、軽やかで幸せになるのを助けてくれますよ。

自分を責めたり、「どうせこれからもダメ」と望まないことを思ったりしているときは、重く、苦しくなっているはずです。

苦しいと、もっと苦しくなってしまうだけ。

「頑張らないとラクにならない」という思い込みは、もう手放しても大丈夫です。

「自分をラクに幸せにすること」こそが、あなたの現実を幸せに変えるのですから。

だから、もう、どんな自分にも抵抗せず、**「そう思うときもあるよね」「そう思ってそれでいい」**と自分をねぎらって、自分の心をラクに心地よくしませんか？

自分を後回しにせず、大切にして、自分の思いを尊重して、自分がやりたいことをやって、軽やかないい気分になることこそが、自己肯定感を強め、いい気分になることを起こりやすくしてくれるのです。

自分に困ったことが起きたら、「自分は何を思っていた？」と自分の心に気づき、「こう思っていたからか！」と認め、自分を幸せに大事にし、「こうなってもいいよね」と起こることを許可していたら、望む現実が起こるようになりますよ。

次の章で詳しくお伝えしますが、私はそうしていたらパートナーも現れました。

だから、**自分をもっと大事にしていいんです。**

どんな自分にもＯＫを出して、自分を軽やかで心地よい状態にしていきましょう。
そうして、軽やかに周りが変わるのを楽しみにしていましょう！

「自分」に ＯＫワーク

◆イヤな気持ちになったら、「ある探しゲーム」をして、いい気分に戻りましょう

◆望まないことが起こっていたら、自分の「思いと感情」をチェックして、「こうなってもいいよね〜」と軽やかにＯＫを出しましょう

◆重くなっているのに気づいたら、軽やかにゆるむアクションをしましょう

Column

体を整えると心も整う

◆前かがみになっていませんか？

自分が落ち込みがちになっていると思うときにチェックしていただきたいことがあります。それは**姿勢。**

前かがみで背中が丸まっていると、気持ちも内向きになるし、胸郭《きょうかく》が狭まって呼吸も浅くなるし、頭への神経の通りも悪くなって、モヤモヤしやすくなります。

そんなとき、「思考」を変えるよりももっと効果があるのが**「体を変えること」。**

まず、胃を引き上げるようなつもりで腰を立て、肩甲骨を寄せるようにして胸を開き、空気を胸いっぱい吸い込みましょう。頭は斜め上を見上げるようにして、ニコニコーッとするだけで、自分の波長がパッと軽やかになりますよ！

デスクワークをしているときは、**「ツキはデコルテにのる！」**と意識して、胸をできるだけ張るようにしてみましょう。

スマホを使うときは顔の正面まで持ち上げるのもおススメです。

猫背がくせになっているのは、ただ筋肉が縮んでいるだけ。気づいたら**「胸を張る」「頭を上げる」「笑顔」**で「幸せな姿勢」になっていきますよ。

また、**「冷えて、固まって、呼吸が浅い」**と、心と体が重くなります。

それを一気に解消してくれるのが**お風呂！** 40度くらいのお風呂に20分つかると、心も内臓も温まり、呼吸も深くなって体がゆるみます。さらに血流がよくなってお肌もキレイになりますし、いい眠りにもつけるようになります。

スマホを持ち込んででも、ゆっくりとお風呂につかる時間を作りましょう！

◆食べ物をチェック！

なんだか元気が出ず、イライラするのは、「食べ物」のせいもあるかもしれません。

朝は菓子パンと甘いコーヒー。昼はおにぎり。おやつにプリン。夜はパスタ。

そういう食生活だと糖質過多になり、血糖値が乱高下するので、気分の浮き沈みが激しくなります。さらに、たんぱく質やミネラル、鉄分が不足するので、心を整えてくれる脳内ホルモンができにくくなって、心の不調が起きやすくなるのです。

思い当たる方は、甘いもの、お菓子、パンやパスタや白米を控えてみましょう。どうしても食べたければ、おかずを食べた最後に少し。

「食べるものがなくなる！」と思わなくても大丈夫ですよ。その代わりに、毎食たんぱく質（肉、魚、卵、乳製品、大豆製品）を2種類使ったおかずを食べてください。

白米の代わりに冷や奴、おやつはゆで卵やナッツ、チーズなどに替えてみましょう。

野菜や海藻類もビタミンやミネラルが豊富ですからおススメです。

騙《だま》されたと思って、3か月ほど続けてみてください。

鉄分とビタミンB群の効果で、疲れにくくなったり、集中力が出てミスが減ったりしてくるでしょう。薄くなった爪も丈夫になってきます。

効果が高いので、うつ症状の改善に食事指導を取り入れている病院もあるのです。

食べ物こそが体を作り、脳や心にも作用しています。

まずは、「今日食べたもの」をチェックしてみてください！

（参考文献　『マンガでわかるココロの不調回復　食べてうつぬけ』奥平智之著・主婦の友社）

第2章

「人」にOKを出す

悩みごとの多くは、「人間関係」です。人にもOKを出すチャレンジをしてみましょう。周りの人があなたの味方になっていきます。

人を気にして頑張りすぎていませんか

心理学者のアドラーは、「人間の悩みは、すべて対人関係の悩みである」と言っていますが、人間関係の悩みは大きいものです。

私も、会社を辞めるきっかけになったのは、合わない上司との人間関係のつまずきでしたが、その頃の私は、「よく思われたい」「優秀と思われたい」「評価されたい」と、人の目ばかりを気にしていました。

今にして思えば、自分に自信がなかったので、「いいね！」と誰かに思ってもらおうとしていたのです。けれどそのせいで、言われたことを気にしすぎ、よく思われようとして振り回され、すごく傷ついていました。

しかも、「また今日も上司が……」と気持ちが下がっていたので、毎日「やっぱりそうだ……」と気持ちが下がる現実を経験をするというループにはまっていたのです。

心理学を学ぶようになって、それが「認めてほしい」「よく思ってほしい」という、**「承認欲求」**と呼ばれる、誰もが持っている心のクセだと知りました。

でも、人の反応を気にして、その反応で一喜一憂するのは、リラックスしている状態ではありません。つまり、「自分らしくない」ということ。

人を気にして、自分に我慢させないと、世界が回らないなんてことはありません。

自分の本音を出したって、いや、出したほうが、かえってうまく回るようになるのです。

私が個人セッションをしていた方に、こんなことがありました。

OLの彼女は、電話を率先して取ったり、お土産のお菓子の数が少ないと自分は遠慮したりしていました。

そうすることで「自分をよく思ってもらえれば」と考えていたのですが、そうなるどころか、「彼女は好きで電話を取っているんだから」「彼女はお菓子が好きじゃないんだから」と、「それが当然」と思われるようになってしまったのです。

その結果、自分の仕事は滞るし、本当はお菓子が大好きなのに、「甘いものは食べないよね」と言われて、自分だけが数に入れられていないこともありました。

さらに、電話に出ない後輩がサッサと仕事を終えて帰ったり、「私、もう一ついいですか？」と、チャッカリたくさんお菓子をもらっていたりするのを見て、モヤモヤしていたのです。

「こんなの、もうイヤです！」とご相談されたので、

「人のことを気にしすぎて、頑張りすぎていませんか？　自分本来の仕事や、自分の気持ちを大切にするにはどうしたらいいですか？」

とアドバイスさせていただきました。

確かに人からほめられると、自分が評価されたと感じ、自信がつきます。

でも人の評価は、その時々、気分、人によっても変わりますから、よくやっていたって評価してもらえないこともあるのです。

だから、それを求めすぎて一喜一憂していたら自分がもったいない。

大事なのは、「人にどう思われるか」ではなく、「自分がどうあるか」。

電話を取りすぎて仕事が滞っているのなら、本来の仕事をシッカリすることのほう

が大事。本当はお菓子が大好きなら、「好き」と伝えることが大事なんです。

それで彼女は、電話が鳴ったら、後輩や担当に「今、手が離せないから、お願いね」と伝え、気をまわして電話を取るのをやめました。

そうしたら、最初は「え？」と思っていた後輩や担当も、次第にちゃんと取るようになり、彼女も自分の仕事が進むようになりました。

お菓子も、「いらないよね？」と言われたので、「本当は大好きなんですよ。前は遠慮していたんです」とハッキリ伝えたら、ダイエット中の課長が「自分はいらない」と手を挙げ、彼女もハッピー、課長も食べすぎずハッピーに。

自分がのびのびできるようになったおかげで、気持ちが軽やかになり、イライラしていた後輩のことが気にならなくなったら、逆に慕われるようになりました。

さらに仕事も進むので、結果的に評価されるようにもなり、自分に自信が持てるようにもなっていったのです。

「なんだか、世界が変わったみたいです！」と言っていましたが、まさに「いる世界が変わった」のですね。

人を気にして我慢していたら、「そういう人だ」と思われてしまいます。

でも、**自分の本心をさらっと出しても、けっこう大丈夫。**

自分を出して、「こういう人だ」と思ってもらうほうが、相手もそう思って対応するので、人間関係がラクになります。

「自分を一番に考えること」「心地よくあるために自分がどうありたいか」が、自己肯定感を強めることになるのです。

つい比べてしまうときにやるといいこと

「よく思ってほしい」のは、**「自分のほうが上だと、自分に価値があるように思えるから」**でもあります。

だからついつい、人と比較して優越感を得ようとしてしまうのです。

誰かが「沖縄に行った」と言ったら、「私はハワイに行った」と、ついマウンティングをしてしまう人も、実は自己肯定感が弱いので、優越感を得ようとしていることがあります。

でも「ハワイ」をうらやましがられても、「私はカリブ海クルーズに行ったんだ」という人がいたら、「自分のほうが下」と、劣等感が生まれてしまうでしょう。

このように、**「比較することでは、本当の自信は生まれない」**のです。

また、SNSをチェックして、他の人がステキな場所に行ったり、楽しそうだったりするのを見て、「それに比べて自分は」と、ついつい思ってしまいますが……。

その人は、その人の「経験」をしただけ、なんですよね。

けれど、自己肯定感が弱いと、ついついそれを「価値」とみなして、「自分にはその価値がない」と思ってしまい、気分を下げてしまうのです。

気分が下がると……映し出されるのは、「気分が下がった現実」です。

だから、**「あの人はそういう経験をしたんだ」**と思えばいいだけ。

そして、**比較するのでなく、「自分の参考」にしましょう。**

友達が美味しそうな店に行っていたら、「自分も行こうかな」と、その「体験」を自分の参考にすればいいのです。

知人がステキな結婚式をしていたら、「私もああいうドレスを着ようかな」と、自分の参考にするのなら、比較をしてモヤモヤすることがなくなります。

比較をするより大事なのは、「たくさん感じて、自分を生きること」。

比較して自分の気分を上げ下げするより、自分の体験を増やしていきましょう。

自分に集中するほど、人が気にならなくなるし、楽しくなります！

人間関係のモヤモヤは、「心の領域侵犯」に注意

人を気にしてイライラ、モヤモヤするのは、「こうしてくれればいいのに」という思いが叶わないからでもあります。

電車の中で、大きな声でしゃべっている人に「静かにしてくれないかな」と気になってしまう。

自分に愛想の悪い同僚が、もっと感じよくすればいいのにと思う。

「その言い方、よくないよ」と言われて傷ついてしまう……。

こういうとき、自分の心の中では**「領域侵犯《りょういきしんぱん》」**が起こっています。

自分と他人との間には、見えない境界線があります。けれど、何かがあると、ついその境界線を侵犯したり、侵犯されてしまったりするのです。

例えば、しゃべっている人が気になっているときは、「公共の場では静かにすべきなのに」という自分の思いが、相手に領域侵犯しています。

また、人に言われたことが気になってしまうのなら、相手の言葉を自分の中に領域侵犯させたので、影響を受けてしまったのです。

自分と他人の境界線をシッカリと意識してみましょう。

そうすると、人のことがあまり気にならなくなっていくのです。

しゃべっている人に、「静かにすべきなのに」と思いを侵犯させても、注意してやめさせることはなかなかできませんよね。

できないことで、イヤな気分でい続けるのはもったいない。

だったら「こうすべき」という思いを境界線から引っ込めてみましょう。

コツは、**「人の事情を思いやること」。**

例えば、電車の話し声が気になるとき、「とっても楽しいから、つい興奮しちゃったんだな」とか、「声が大きい人はちょっと耳が遠いっていうし」と思いやると、

「じゃ、しょうがないか」

と「人にＯＫ」を出しやすくなります。

そうしたら次は、**「『人のこと』ではなく『自分のこと』に意識を向けること」。**

意識を、人ではなく、自分のスマホや本や考え事に集中したら、声が気にならなくなってくるでしょう。

「静かにしてほしい」という叶わぬ願いを相手に侵犯させ、相手に求めようとするから、求めたものが得られなくて、ストレスになります。

だから、**「求める思いを手放すこと」が、人間関係のストレスから、自分を解放するコツなのです。**

また、「こうすべき」「こうしてくれればいいのに」と思うことが多いほど、人が気

になりますが、それは「私は我慢しているのに！」という苦しい思いを持っているからでもあります。

そんな思いからも、自分を解放してあげましょう。

のびのびとやっている人が本音の部分でうらやましいのなら、「自分もやっていい」と、自分が「体験」してしまうのです。

感じの悪い同僚が気になっていた、個人セッションのお客様は、「人には優しくすべきなのに」という思いを侵犯させていました。

けれどそれは、「優しくしないと自分は嫌われてしまうから」という自信のなさの裏返しでもあったのです。

でも、その思いがあるから苦しかったのだと気づいて、「私も感じ悪くしたっていい」と自分にＯＫを出してみることにしました。

それで、同僚から雑にものを頼まれたとき、自分も、ものすごく不機嫌そうな顔で対応したのです。そうしたら、どうなったかというと……。

「同僚は、自分がどんな態度をとっても私は優しいと思っていたのが違って、びっくりしたんでしょうね。それからちょっと、態度が変わったんですよ」

「それに、それで嫌われるどころか、他の人から『今まで甘い顔をしすぎていたから、それくらいでいい』とほめられました」とスッキリした笑顔を見せていました。

このように、**自分を戒めていたことをやっても、案外ＯＫ**だったりするのです。

「自分らしくしたら嫌われる」というのは思い込み。自己肯定感が強まっていくと、「自分らしくしてもいい」が自分のスタンダードになっていきます。

イヤなひと言が気になるときは、こんな「自分への質問」を

また、「その言い方よくないよ」と言われて傷つくのは、相手の考えを自分の中に侵犯させて、揺さぶられてしまっているからです。

でもそれは、自分にも一因があるんですよ。

もし全然悪いことを言っているつもりがないのにそう言われたのなら、「そんなこ

とないのに」「何言っているんだろう」と、境界線からパンとはねのけるので、気になりませんよね。

けれど、「やっぱり？」と自分も思っていたり、自分に自信がなくて「言われたことは聞かなきゃ」と思っていたりするから、境界線の内に入れてしまうのです。

人から言われたことが気になったら、境界線を思い出して、「ちょっと待てよ」と境界線の内に入れるかどうかを吟味してください。

そして、なんで自分がモヤモヤしたのかを考えましょう。

自分もあまりよくないと思っていたのか。

自分のことを否定されて傷ついているのか。

自分をもっとよく思ってほしいと考えているのか。

「そんなこと言わなくていいのに！」と求めているのか。

言われた通りにしないとと焦っているのか……。

もし自分も気になっていたのなら、それはアドバイス。自分が納得する言い方に変えればいいだけです。

また、指摘されると「否定された」と思ってしまいますが、それは、**「全人格を否定されたのではなく、その部分を否定されただけ」**。

だから落ち込みすぎたり、相手を丸ごとキライになったりするのではなく、「言い方」のことだけ、直すかそのままにするかを決めればいいのです。

もし「もっとよく思ってほしい」という自分の心理に気づいたなら、自己肯定感がまだ弱いということです。**「この人にそんなに気に入られたい？」**と考えてみて、「それほどでも」と思うのなら境界線から出しましょう。

また、「そんなこと言わなくてもいいのに！」と、自分の思いを相手に領域侵犯させていたら、「この人がずけずけ言うのは、育った環境なんだろうか」と**「相手を思いやってみる」**といいですよ。それで**「しょうがないか」**と思うようになれば、ちょっと気がおさまるでしょう。

ただ、「言われた通りに直さないと」と思うのには注意が必要です。

人の言いなりになるのは、自分を乗っ取られることだからです。

「乗っ取られてもいいの？　自分は本当はどうしたいの？」と自分に問いかけること

も、自己肯定感を強める方法ですよ。

無意識のうちに侵犯されず、自分の領域は自分でしっかりと守りましょう！

そのコメントは「批判」ではなく、「ただの感想」

傷つくことを言われたら、「批判された」と思うかもしれません。

でもそれは、**「ただ感想を言っているだけ」**なんです。

その人はあなたのことを気に入らなかったかもしれませんが、「いいんじゃない？」とか、「好き！」という人だっているのです。

人はいろいろな価値観を持っていますから、いろいろな思いを持つのは当たり前。

だから、何か言われたら**「いろいろな考え方があるな」**と思えばいいのです。

そして、自分が共感できなかったり、イヤだと思ったりするのであれば、「でも自分はそう思わないから」と、境界線からはねのければいいんですよ。

私もブログや本を書いていると、時に「あいたた……」と思うコメントをいただくことがあります。

最初は、「よく思ってもらおう」と、その人の気に入るようにやろうとしてみたのですが、他の人はまた別のことを考えるので、人の意見をすべて聞こうとしても、切りがないことが分かりました。

なので、やがてこう思うようになったのです。

認めてくれない人がいるのは当たり前。どう思うかはその人の自由。

だから、自分がいいと思ったことをやればいい。

さらに、

人は、自分の思い通りになるために生きているわけじゃない。

自分も、人の思い通りになるために生きているわけじゃない。

そうしたら、すごくラクになりました。そして、そう思うことで心が軽くなったせいか、「あいたた」の回数も減っていったのです。

また、とっても自己肯定感の強い友人は、個性が強いし目立つので、よく批判され

ますが、何を言われても、

「あ、そう」

と受け流します。自分の大切な人からのアドバイスなら聞くけれど、そうでない人の言葉は**「ただの感想」。**

「言うのは自由だけど、聞くのもこちらの自由。反論しても聞く気はないだろうから、何を言ってもムダ。だからそこにエネルギーを使わないで、ただ自分のことを一生懸命やるだけだよ。信頼している人が分かってくれればいいから」と言うのです。

「人は人。何を思ってもOK」「自分は自分。何を思ってもOK」と思って、領域侵犯せず、自分に集中することが、人に振り回されず、自分を守る最大のコツなのです！

SNSに振り回されないコツ

今は、SNSやネットで自分の思いを自由に発信できるし、匿名でいろいろな人からいろいろな言葉をかけられる時代です。

そうすると、自分が発信したことを「つまらない」とけなされたり、掲示板のようなところで自分の悪口を書かれたりすることがあるかもしれません。

すると、「私の書くことはダメなんだ」「私は認められていない」と萎縮して、人からの評価で自分がグラグラしてしまうこともあるでしょう。

けれど、それは、その人の「感想」にすぎないんですよね。

しかもそれは、ちょっと汚い例えになりますが、**「オナラ」**なのです。

自分の表現したことを料理だとすると、「美味しい！」と思う人もいれば、「普通」と思う人もいれば、「マズい」と思う人もいれば、ガスがたまってオナラを出す人だっているかもしれません。

でも、同じものを食べて、美味しくて元気が出た人もいるのに、ガスがたまる人がいるのなら、それは**「その人の事情」**なんです。

その人は、何を見てもガスがたまる体質なのかもしれません。その日はムシャクシャしていたのかもしれません。

それでオナラを放ったのを、まともに嗅いだら、こちらの具合が悪くなってしまいますよね（笑）。

「自分は評価されているかな」とエゴサーチをして、逆にネガティブな言葉を見つけてショックを受けるのは、オナラのにおいをわざわざかぎに行くようなもの。

「これはその人の感想。こう思うのはその人の事情」と、何を読んでも、「あ、そう」と思えるようになるまで、エゴサーチはお預けにしておきましょう！

自分を大切に思うと、自分を大切にしてくれる人が現れる！

私は、結婚したい方のご相談もよくお受けするのですが、結婚できない原因も、自己肯定感の弱さが大きく関係するのを実感しています。

若くてあまり世間を知らず、経験も少ないと、「結婚しても何とかなるんじゃないか」と勢いで進むことができます。

けれど年齢が上がってくると、いろいろな話を聞くので、「仕事と家事の両立は大変」「結婚してもすぐ別れてしまうこともあるし」と、「困難なこと」のデータが増えるため、自分への自信のなさがあると、よけいに怖くなってしまいます。

さらに「今まで恋愛がうまくいかなかったし」「もう子どもを望める歳じゃないし」「料理がうまくできないし」……と、自分の「ない」ばかりを見るから、結婚する自信も失ってしまいがちです。

そうすると、「結婚は怖い。きっとうまくいかない」と、本人も気づかないうちに心の奥底に刻み込まれてしまっているので、「結婚したい」と口では言っていても、「婚活がうまくいかない」という現実を引き寄せてしまうのです。

とくに「私なんか」を口ぐせにしていたら要注意ですよ。

「どうせお前なんか」という人を引き寄せてしまいます。

自分を大切に思う分だけ、自分を大切にしてくれる人が現れるのです！

私がアラフォーを過ぎて結婚できたわけ

私は、5年前に、アラフォーを過ぎて結婚しました。

実はこれも、自分にOKを出せるようになったからだと思っています。

「そろそろ結婚もね」と口では言いながら、「実家でぬくぬくしている生活を変えたくない」という本心があった私は、その本心のままに、40歳を過ぎても実家暮らしでやりたい仕事をやっていました。

けれど、だんだん両親が高齢になってきたので、病気にでもなったら、その看病や介護をすることになるので、結婚どころではなくなります。

だから、「行くなら今だ！」と思うようになったのです。

それで、友人に声をかけて男性を紹介してもらい、会うようになりました。

ですが、皆さん感じがよくて、それなりに会話も弾んだのに、「また会いましょう」

と約束しても、連絡が途切れてしまうことが続いたのです。

以前の私だったら、「私の何がいけなかったんだろう」「何が足りなかったのだろう」と、自分を責めて落ち込んでいたのですが、かなり自己肯定感が強くなっていた私が思ったのは、**「おかしいな？」**でした（笑）。

私はそれなりに魅力的なはずなのに、おかしいな。

だから、連絡がないのは、あの人が結婚相手ではないということだ。

それに、「どうしてもあの人にまた会いたい！」というわけでもないし。

そう思って、うまくいかないことが続いても、相手に執着もしなかったし、自分を責めることもありませんでした。

それよりも、**「自分を幸せにすると、幸せな未来がやってくるから」**と思い、第4章で詳しく書く、「せかしあ」をやっていたのです。

そうしていたら、ある講演会で、以前からの知り合いと数年ぶりに再会しました。

その彼は、前は特に意識をしませんでしたが、そのときはなかなか感じがよく見え、

さらに私が、結婚する自分にOKを出していたこともあって、雑談ついでに、「私の

地元の鎌倉を案内しましょうか?」とナンパ（笑）したのです。

ただ、それがきっかけで時々会うようになったものの、「好きだ」と言われたこともなければ、手を握られたこともないし、メールをしても半年ほど連絡がなかったこともありました。

これは脈がないかと、もうこの人に自分から会うのはやめようと思っていたところ、「話がしたい」と向こうから連絡があったのです。

きっと「正式にお付き合いしてください」という話だと思っていたら、なんと、

「結婚してもいいと思っているんだけど」

と、想定外のプロポーズをされたのです！

ただ想定外ではありましたが、私は**「自分はダメなところもあるけれど、魅力もたくさんあるし、幸せな未来を受け取る人間だ」**と思うようになっていました。

なので、「私のよさに気づいてプロポーズしたのだから、この人は見る目のある、見どころがある男性に違いない！」とＯＫし、3か月後に結婚したのです。

そうして相手のことをあまり知らないまま結婚し、5年が経ちましたが、「やっぱ

り見どころがあるな！」と思いながら、今も楽しく暮らしています。

もし私が自分を肯定していなかったら、連絡がないと「自分の魅力が足りないからだ」と落ち込んだり、プロポーズされても「私なんかでいいの？」などと思ったりして、その手を取れなかったかもしれません。

けれど、自分を信じ、自分を幸せにすることをやっていたから、私を幸せにしてくれる人を引き寄せ、しっかりとその手を握ることができたのだと思っています。

願ったことを引き寄せるための3つのポイント

私がアラフォーを過ぎて結婚したのは、願ったことを引き寄せるための3つのことをしたからだと思っています。

これは、結婚だけでなく、仕事や叶えたい夢などにも応用できますよ。

その１　怖《おそ》れに気づき、解除する

「仕事と結婚の両立は大変そう」「自由な時間がなくなりそう」「すぐにケンカしてしまいそう」……。

不安や心配などの思い込みがあるからこそ、結婚にＯＫを出せないわけですよね。なのでそれらを、**「そうじゃないこともあるよね」**という魔法の言葉で解除していきましょう。

「そうじゃないこともあるよね。両立している人だってたくさんいる」

「そうじゃないこともあるよね。向こうだって自由な時間が欲しいんだから、私もそのときに好きなことをすればいい」

「そうじゃないこともあるよね。お互いを尊重していたら、ケンカでなくラブラブになるかも！」

そうして、**「何とかなるんじゃない？」「やってみないと分からない」「やってもいい！」**と、怖れているブロックが外れ、ワクワクする方向に心の向きが変わると、自分の発する波長が「結婚怖い」から「結婚してもＯＫ」に変わります。

●その2　自分にＯＫを出す

「今まで恋愛がうまくいかなかったし」「もう子どもを望める歳じゃないし」「料理がうまくできないし」……。

自分に自信がないと、「どうせダメ」と思ってしまいます。

そんなときは、**自分の「ない」ではなく、「ある」を見つけて、**「自分いいね！」の気持ちを取り戻していきましょう。

「あのときは自分も未熟だった。でも今はもっと心に余裕がある」

「子どもがいないぶん、旦那さんに愛情を注いで大事にしてあげられる」

「料理上手になる伸びしろがある！」

そうして、**「自分、いいよね」「私だって大丈夫」**と自分にＯＫを出し、さらに**「この私をヨメにもらうことができるラッキーな男は誰だ？」**と思うくらいになったら、あなたの良さを尊重してくれるパートナーが近づいてきますよ。

●その3　「そうなるのが当然」と行動する

そこまで自分と結婚にＯＫを出せるようになってきたら、**「そうなるのが当然」**という行動をしていきましょう。

神社で恋愛成就祈願をするだけだと、神さまから「神頼みだけで自分で動かないのは、それほど本気じゃないからだな」と思われますよ。

まずは**「いい人と出会うのだから」**という行動です。

「いい人がいたら紹介して」と伝えたり、婚活アプリに登録したり、イベントに出かけたりと、出会うためのアクションを起こしてみましょう。

さらに、**「もうすぐ結婚するのだから」**という行動です。

私は、デートに着ていける服を買ったり、「結婚するから、引っ越しがラクなように」と部屋の片づけをしたりしましたが、それらはすべて役に立ちました。

行動すると、「もうすぐ結婚する」という気持ちを後押ししてくれるのです。

ただ、「本当にうまくいく？」と疑問に思ったり、「なかなか出会えないんだけど」と期限を気にしたり、「頑張らなきゃ」と力が入りすぎたりするのは、「結婚する自分を信じていない」ということなので、なかなかうまくいきません。

「これをやりたいな。楽しいな。そしてそのうちにね」と軽やかに思っているのがポイントですよ。

肩の力を抜いて、軽やかで楽しくいることが、軽やかで楽しい展開につながります。

婚活疲れをしていたら、疲れが取れて楽しく動けるようになるまで、しばらくお休みして、充電してくださいね。

そうして、「でも」「やっぱり」ではなく、**「結婚するのが当然だよね！」**と心から思うようになると、タイミングや状況、自分や相手の準備の段階によって時間がかかることもありますが、「結婚」が引き寄せられてくるんですよ。

私の婚活講座にご参加くださった方は、48歳にして初婚同士でとんとん拍子に結婚されました。

「できない自分を受け入れたからこそ、自分を丸ごと受け入れてくれる人と出会って、結婚することができたのだと思います。家族以外でこんなに安心できる人と出会えるなんて本当にびっくりです」と、結婚指輪を見せてくれました。

「引き寄せ婚活」の方法につきましては、拙著『いままで結婚しなくて正解だったと思える本』（きこ書房）に詳しいので、興味のある方はご覧ください。

好かれる人が無意識にやっている心の習慣

職場で好かれるためにも、大事な人から愛されるためにも大切なのが「自己肯定感」です。

自己肯定感が弱いと、「ない」のほうに目が向きやすくなります。

「自分ばっかり大変」「あの人はラクをしている」とイライラするのは、「自分が報われてい『ない』」と思うから。

「こんなにやってあげたのに」「こんなに好きなのに」と自分の思いをつい押し付けてしまうのも、「自分はそうされてい『ない』」と思うから。

「どうして仕事優先なの?」「どうして連絡をくれないの?」と責めてしまうのも、「自分は大事にされてい『ない』」と思うから。

自分のことを「ない」と思って認めていないと、「もっと私のことを気にして!」「評

価して！」「大事にして！」と、相手に求めて、自分を満たそうとしてしまいます。

けれどそうされると、言われた人は「奪われる」「失う」と思うので、イヤな気分になってしまうのです。

また、「私はこんなにやっているのに、してもらっていない」「こっちだってやっているのに、してもらっていない」とお互いが思っていると、相手から謝罪や感謝を引っ張ろうとする**「欲求の綱引き」**を始めてしまいます。

だから、**「ある」に気づいて自己肯定感を強め、心に余裕を持つことが大事**なんです。

なぜなら、自分の心に余裕があると、「相手に求めなくていい」と思うようになるからです。

そのためにやるのは、まず**「人の事情を思いやること」**。

「自分ばっかり大変」と思っていたけれど、他の人だって忙しいもんな。

彼女は定時ですぐに帰っちゃうけど、まだお子さんが小さいしな……と思うと、少し心が優しくなれるでしょう。

さらに、**「やってもらったことを思い出すこと」**。

今は忙しいから遊びに連れていってくれないけど、以前に、あんな楽しいことや、こんな嬉しいことをしてくれたな。

なかなか昇進はできないけど、お給料の不払いがないのはありがたいことだよな……と思うと、自分の「ある」を思い出せるでしょう。

そう思って、**「しょうがないか」「まぁいいか」**と思うようになり、「こうしてほしいのに」という欲求を手放すと、求めるのをやめられるので、得られないイライラから解放されていきます。

そのとき、ぎゅっと欲求を握りしめていた手のひらをパッと開き、欲求が空の彼方に飛んでいくイメージをするアクションを実際にやってみると、さらに**「欲求の手放し」**がしやすくなりますよ。

「しょうがない」「まぁいいか」というのは、自分が負けたり、あきらめたりという後ろ向きなことではなく、**「どんな人にもＯＫを出す」**という、すごく前向きでハイレベルなこと。

だから、「まぁいいか」と言っている人は、いつもゆるんで余裕があるんですね。

このようにして、人から奪おうとしない人は、人を脅《おびや》かすことがないので、「ホッとする」「落ち着く」「一緒にいたい」と思われやすくなります。

さらに**「人に優しさや思いやりをあげること」**をしてみましょう。

人は「得たもの」があるといい気分になる心理がありますから、自分にできることを人にすると、あなたに好意を持つようになります。

大それたことや、お金がかかることでなくていいんですよ。

「いつも頑張ってますね」とねぎらったり、「そのネクタイ、いいですね」とほめたり、「手伝いましょうか」と自分の力を貸したり、「これ知ってる？」と情報提供をしたりしてみてください。

相手は嬉しさや喜びをくれるあなたを好きになりますし、あなたに何かをしてあげたいと自然と思うようになるでしょう。同じ人であっても、あなたに見せる面が変わり、やってくれることも変わっていきます。

求めることなく愛情をくれる、一緒にいてホッとし、嬉しさを感じる人は、間違いなく愛されるのです！

人にOKを出すと味方がどっと増える

人に対して、「もっとこうしてくれればいいのに」と思うのが、人間関係の悩みのほとんどです。

けれど、「求めても得られないからイライラする」ということに気づき、

「人は自分の思い通りになるためにいるわけじゃない」

「あの人はあの人なりの事情があるんだろう」と思うようになり、

「あの人はあの人でOK」「しょうがない」と認め、許すことができると、悩みがグンと減っていきます。

そうすると、人にイライラしなくなるので、いい気分になるし、心の余裕もできるので、人に優しくなれるため、もっと好かれるようになっていきます。

そして気がつけば、自分が本来の自分らしくのびのびとしていても、**「あなたもO**

K！」と思ってくれる人ばかりの世界にいることになるでしょう。

だから、**「人にOK」を出すほどラクになる**んですよ。

人のせいで悩みができることもあれば、人のせいで悩みが解決すること、喜びが増えることもあります。

たくさんのOKを出して、周りの人を、自分がやりたいことをやり、楽しいことをする味方にしていきましょう！

「人」にOKワーク

◆人をうらやましく思ったら、その人の体験を「自分の参考」にしましょう

◆思いの領域侵犯に気づいたら、境界線を思い出して、出すか入れるかを吟味しましょう

◆人にイラッとしたら、相手の事情を思いやり、OKを出すチャレンジをしましょう

Column

ホルモンを活性化しましょう

◆「セロトニン」で心晴れ晴れ！

落ち込みやすいときというのは、ホルモンが心と体に作用している場合もあります。

例えば、**「セロトニン」。**この脳内ホルモンの分泌が少ないと、慢性的なストレスや疲労、イライラを感じやすくなり、不眠にもなってしまいます。

うつ病に関わるものとして、名前を聞いたことがあるかもしれませんね。

セロトニンを増やすには、

- **朝起きたら30分以内に日光を浴びる**
- **リズミカルな運動（散歩や意識的な呼吸）をする**
- **たんぱく質、大豆製品や乳製品、ナッツやバナナを食べる**
- **楽しいことをし、よく笑う**

というのが効果的です。

朝起きたら、カーテンを開けて日光を浴びながら、大きく息を吸い込み、お腹をへこませながら息を吐く深呼吸を10回してみましょう。まずはこれだけでOKです！

また、セロトニンが多いと、眠りに作用する**「メラトニン」**が多く分泌されますから、眠りの質も良くしてくれますよ。

✿「マイオカイン」でアンチエイジング！

近年研究が進んでいる、筋肉ホルモンの**「マイオカイン」**を知っていますか？

マイオカインは、うつ病の軽減、認知症の予防、がんの予防、メタボ予防、さらに老化防止など、様々な効果が報告されています。

このマイオカインを増やすには、

・下半身（太もも、ふくらはぎ）を動かすこと

が効果的です。

まずは、エスカレーターの代わりに階段を使うようにしましょう。

慣れてきたらだんだん速足にして、太ももに負荷をかけるといいですね。一つ手前のバス停で降りて、歩く距離を伸ばしたり、歩くスピードを速くしてみたりするのもおススメです。

プラスしてチャレンジしていただきたいのが、**「ゆっくりスクワット」**です。

足を肩幅より少し広めに広げ、椅子に座るような感じでお尻を突き出し、膝が直角になるまで、息を吐きながらゆっくり10秒かけて腰を落とします。

それから、太ももがプルプルするのを感じながら、ゆっくり10秒で立ち上がります。

それをまずは3回でいいので、やってみてください。

プルプルしなくなってきたら、プルプルするまで回数を増やしていきましょう。

朝晩2回ほどすることを3か月続けたら、頭がシャキッとしてきて、体重も3キロ減った、という方もいるんですよ。

ラクをして動かなくなるほど、心の働きも脳の働きも鈍くなってしまいます。

ダイエットや若返り、活力アップや記憶力向上のためにも、動きましょう！

第3章

「トラブル」にOKを出す

トラブルはイヤなもの。けれど自分に起こることがどんなことでもOKを出せるようになると、幸せな未来がやってくるようになりますよ。

トラブルが起きるのは運が悪いからじゃない

トラブルなんて起こってほしくないですよね。

けれど、ついうっかりミスをして怒られてしまったり、思わぬことが起こって困ったり、「まさか！」ということで人生の岐路に立たされたりと、小さなことから大きなことまで、いろいろなトラブルが起こるものです。

そんなとき、自己肯定感が弱いとよけいに、「私が悪いからだ」と自分を責めて落ち込んだり、「私はちゃんとやっているのに、運が悪い」と思ったりしてしまうでしょう。

でも、そんなことはないんですよ。

なぜなら、**「トラブルが起きるのは、当たり前」**のことだからです。

以前、夫婦で北海道を旅行したときのことです。

レンタカーで、これから洞爺湖《とうやこ》のほうに向かおうと市内を走っていたら、交差点の手前で、いきなり右折してきた車が、ガコンとぶつかってきたのです。

運転していたのは、日本語もままならないイタリア人の若い女性。

幸い少しこすっただけでしたが、警察に現場検証してもらい、保険屋さんに電話をして、という事態になりました。

せっかくのドライブのワクワク気分がなくなり、時間もロスし、さらに保険に入っていて、もらい事故なのに、2万円も支払わなくてはならないことが分かりました。

「とんだことになっちゃったね」と、トラブルで「失ったこと」ばかりに目を向けてしょげていた私に、旦那さんが言ったのです。

「日本語が通じない人と交渉してもらう人件費と思ったら安いものだよ。まぁ、事故というのは確率的にあるし。それに『トラベルはトラブル』っていうからね」

なんと！　トラブルを全然意に介しておらず、「当然のこと」と受け入れているではないですか。

だから、事故があってもイライラすることなく、相手を責めることもなく、淡々と必要なことをやる余裕があったのだと納得しました。

トラブルを「イレギュラーなこと」と思っていると、「なんでこんなことに」と、うろたえてしまいます。

なんで、あんなうっかりミスをしちゃったんだろう。

なんで、怒らせるようなことを言っちゃったんだろう。

なんで、契約を更新してくれないんだろう……。

でも、人間だったらミスだってしちゃいます。気分によっては怒ることだってあります。

会社の方針が変わったら、更新しないことだってあるんです。

そんなとき「自分が悪い」「相手が悪い」と責めても、気分が悪くなって解決が遅くなってしまうだけ。

だから、**「そういうこともあるよね」**とトラブルを受け止め、**「じゃ、どうしよう？」**とそれを切り抜けるために今できることをするほうが、トラブルから早く解放されるんですよ！

つまずいたからこそ得たものを見つけましょう

ただそうはいっても、理不尽なことは、「許せない！」「受け入れられない！」と思うでしょう。

そんなときは、**「トラブルは気づかせるために起こる」**と思ってみてください。

人は、つまずかないと足元を見ないものです。つまずいて足元を見るからこそ、障害物をどけて、前に進めます。

うっかりミスをしたから、仕事のやり方を再確認できた。

思わぬ失言で怒らせたから、自分の言い方や相手との付き合い方を見直せた。

更新されなかったから、新しい会社と出会えた……。

こんなふうに、トラブルやイヤなことが起こったとき、それで**「得たこと、気づいたこと、学んだこと、そのおかげ」**を見つけてみましょう。

そうすると、マイナス認定していたことがプラスになるし、**「これは自分のために起こっている？」**と思うようになるかもしれません。

「トラブルはイレギュラーなことではなく、実は自分に気づかせるため、自分のために起こっていること」

そういうものだと思うと、トラブルによって、自分を責めたり、相手を責めたり、状況を責めたりして消耗しないですむんですよ。

さらにトラブルは、障害物をなくすために起きる、人生の転機のきっかけになることもあるのです。

「病気のおかげ」で結婚・出産

私が仕事でお付き合いしている方は、36歳まで、残業や徹夜もいとわず、がむしゃらに働いていました。それでいい成績を挙げていたのですが、そのツケが体に来て、腎臓を悪くしてしまったのです。

体がだるくなって仕事ができなくなり、入院や手術をした後も、治療が続きました。

もちろん仕事もセーブせざるを得ません。

最初は、「せっかく仕事がのっていたところなのに！」と、厄介《やっかい》な病気になってしまった自分の体と、「なんで私が」と、自分の不運を恨みました。

けれど、仕事関係の飲み会等を減らしたことによって、お付き合いしていた男性と会う時間が増えたおかげで、結婚することとなったのです！

さらにその翌年には子どもも授かりました。しかも、主治医の先生からは「出産は腎臓に大きな負担をかけるから、腎不全になるリスクがある」と注意されたそうなのですが、幸運にも腎機能を低下させないで無事に出産することができたのです。

「あの病気がなかったら、結婚も出産もしていなかったと思います。だから『**病気のおかげ**』ですね！」としみじみと話しています。

トラブルがあると、そのときはとても苦しいです。

でも、起きないこともありえたのに起きたのなら、**「魂レベル」で必要としている**

から、「自分のために」に起きたのかもしれません。

魂レベルだから、頭ではこんなことは全然起こってほしくないと思っています。

でもよくよく思い返すと、やっぱり、それで「得たこと、気づいたこと、学んだこと、そのおかげ」があるんですよね。

そして、トラブルは「自分がダメ」だから、「自分を傷つけるため」に起こるのではなく、**「自分がもっとよくなるため、もっと幸せになるために起こること」**なのかもしれないと思い始めると……。

トラブルが怖くなくなってくるし、トラブルをきっかけに、もっと幸せな毎日がやってくるようになるんですよ。

がんは体験型医療エンターテインメント!?

「トラブルは自分のため」と受け入れてみると、対処がうまくなってきます。

そして**「面白がる」**ようにしてみると、さらにうまく切り抜けられるでしょう。

そのことを身にしみて実感することが、私に起きたのです。

それは、思いがけない、がんの発覚でした。

ある日、仰向けになってなんとなくお腹を指圧していたら、左下腹部にタマゴ大のしこりがあることに気づいたのです。

たぶん、多くの女性がなる良性の腫瘍の子宮筋腫だろうと思ったのですが、「一度婦人科に行ってみるのもいいか」とレディースクリニックで診てもらったら、「腫れているのは卵巣です」と言われたのです。

通常2センチの卵巣が7センチまで腫れていて、良性でも6センチ以上あると手術するレベルなので、大きな病院で検査をするよう勧められ、ＭＲＩ（磁気共鳴画像診断）検査を受けたら……。

先生に、白く映った卵巣の画像の中の黒いもやもやを示されて、「悪性の可能性があります。特別枠で3週間後に手術の日をおさえました。開腹して両卵巣と子宮を全摘します」と言われたのです。

まさに青天の霹靂《へきれき》。まさかのがん告知でした。

今まで病気らしい病気をしたことがなく、70代、80代になってもピンピンしていると思っていたのに、自分が知らないところで細胞ががん化していたのです。

それが、「サイレントキラー（沈黙の殺人者）」と呼ばれ、自覚症状がないまま進行する卵巣がんでした。

救いは初期のステージＩだったということ。

とはいえ、まだ生理もあるし、いい歳ではあるけれど、奇跡が起こって子どもを授かれたらとも思っていたので、大切な臓器を失ってしまうのはとてもショックでした。

それなりに健康にも気をつけていたのに、なぜこんなことになったのだろう。もっと不健康な生活をしている人もいるのに、なんで私が……と思いました。

そうして迎えた手術当日。

開けてみるまで、本当にがんかは分からなかったのですが、術中迅速《じんそく》診断の結果、悪性。がんがあったのは片方の卵巣だけでしたが、細胞レベルのがんが周囲に散っている可能性があるとのことで、もう一つの卵巣と子宮も全摘しました。

それだけではありません。5時間以上に及ぶ手術の間の足の角度が悪かったようで、足が麻痺して歩けなくなってしまったのです。

がんのショックだけではなく、いつ治るか分からない足の麻痺。さらに追い打ちをかけるように、抗がん剤治療の提案もされました。

この場合の標準治療だと、がんを切除して終わりではなく、細胞レベルのがんが残っている可能性があるので、点滴による6クールの抗がん剤治療を受けるのです。

がん、足の麻痺、抗がん剤治療。

たくさんのトラブルが波状攻撃のように襲いかかってきました。

ハッピーライフ・コンサルタントとして、もう15年以上、自分らしく幸せに生きる方法をお伝えしてきた私ですが、さすがに不安で悩んで、最初はうろたえるしかありませんでした。

「今やがんは2人に1人がなる時代」と耳にはしても、まさか自分がその1人になるとは思ってもみません。

「トラブルは当然のこと」ともすぐには納得できません。

けれど、「トラブルは自分のために起こること」というのは思い当たることがありました。

そして、**「自分に最善のことが起こる」という自分への信頼があったこと。**

それが一番強く、私を支えてくれたのです。

良性であってほしいとどんなに願っても悪性だったのなら、それが「魂レベルでOKを出した」自分にとって最善のことだから。

そう思うようにしてみると……。

今気づいて、生活習慣を見直さなかったら、別の場所がもっとひどいことになっていたのかもしれません。

足の麻痺なんて、レアなことにならなかったら、「普通に歩けること、体が動くこと」がどれほどありがたいかに気づかずにいたかもしれません。

だから、この体の危機というトラブルを「自分のために起こった最善のこと」と受け入れることができるようになってきたのです。

そして抗がん剤治療。始めたら、いろいろな検査や、吐き気や脱毛、味覚障害、免疫力低下など、体に大きな負担がかかる様々な副作用を経験することになります。

けれど、トラブルを受け入れられるようになった私は、抗がん剤治療を、**「体験型医療エンターテインメント」**と面白がる、心の余裕まで出てきたのです。

病は「闘う」より「受け入れる」とラクになる

医療機器を使う検査や治療はアトラクション。抗がん剤は、がんになった「選ばれし人」しか使えない貴重な「秘薬」。「普通の人」にはできないことを、私は体験できるんだ！　どんなエンターテインメントになるのか楽しんでやろう！

そう思うようになったら、だんだん治療が「怖いもの」ではなくなってきました。

それまでは、急な病の発覚と状況に翻弄されていた私でしたが、「面白がろう」とすることで、自分で自分の舵を取れるようになってきたのです。

さらに、抗がん剤治療を、**「体内浄化スペシャルプログラム」**と名づけました。

これはがんセンターの先生の言葉がヒントになっています。

「あなたの体を畑とすると、がんは雑草のタンポポです。タンポポは手術でとりましたが、見えない綿毛が散っているかもしれない。それが一斉に芽吹いたら対処できないので、あなたの免疫力よりももっと強いものを使って、土を消毒するんですよ」

そう言われたとき、

「抗がん剤は、『私の体を傷つけるもの』ではなく、『足りない免疫力の代わりに、私を浄化してくれる、ありがたいもの』だ！」

「細胞レベルの浄化体験なんて、滅多にできない。どんな体験ができるんだろう！」

と思えるようになって、抗がん剤治療にＯＫを出すことができたのです。

深刻なことがあったときも、**「面白がる」**という視点は大切ですね。

そうやって、**「病と闘う」のではなく、「面白がって受け入れる」**ことにしたことで、私は「重い波長」ではなく、「軽い波長」に変わったのだと思います。

私の抗がん剤治療は、点滴で3種類の薬を3時間ほどかけて入れていくもの。

初回が終わって10日ほどは、ちょっと胃がモヤモヤするものの食事も普通にでき、

「いい副作用止めの薬が開発されたおかげだ！」と医学の進歩をありがたく思っていたのですが、13日目に、ついに脱毛が始まりました。

髪をちょっと引くとぞろっと抜け、床は抜け毛だらけ。思い切って洗髪をしたら、7割ほどがごっそりと抜け、私の頭は「焼野原」みたいなみすぼらしいものになりました。

「髪は女の命」でもありますし、もともとセミロングやロングヘアが多かったこともあり、鏡に映るのは、見たこともない自分です。

かなりショックでした。

けれど、病気を面白がることにしたのがよかったのでしょう。

「前の自分でなくなってしまった」と、失ったものを哀しみ、そうさせた薬を憎む気持ちよりも、**「なっちゃったものはしょうがない。滅多にないこの機会を、どう楽しむか」**という気持ちのほうが強くなっていたのです。

それで、「尼さんにならないと一生できないヘアスタイルに、今ならチャレンジできる〜！」と、残った髪の毛をツルッと刈ってしまいました。

そうしたらそれが快適で！　抜け毛もないし、ウィッグもスポンとすぐに装着できます（笑）。

ウィッグは、ネットで探したら5千円から1万円くらいでもなかなかよさそうなものが見つかり、今までカラーリングが面倒そうでできなかった、憧れの茶髪ロングにも気軽にトライできるようになって、新たな自分を楽しめるようにもなりました。

そうやって、深刻な状況でも面白がる気持ちがあったことで、活力がわいたし、軽やかな波長になったことが現実にも反映したのでしょう。

他にも味覚障害になったり、爪が黒く変色したりと副作用はいろいろ起こり、**「エンタメすぎる！」**とぼやくことも多々ありましたが、思ったよりも大変ではなく、抗がん剤治療を終えることができたのです。

たぶん「悲劇のヒロイン」になることも、自分の生活習慣や何かを責めつづけることもできたのでしょう。

けれど、そうするのではなく「自分に起こったことにOKを出す」という自己肯定感の持ち方をしたおかげで、現実が軽やかなほうに変わったのだと今は思います。

そして、「**キャンサーギフト**（がんによる恩恵）」もたくさん受け取りました。

がんになったおかげで、家族やサポートしてくれる方々への感謝がより深まりました。体のありがたさやすばらしさも実感しました。冷えやすく、巡りの悪い生活をしていたことを見直すこともできました。そうした得がたい気づきによって、前よりもっと幸せを感じるようになり、体もすっかり元気になりました。

それは、私が初期だったからでもありますが、がんはステージや部位にもよるけれど、今は治る病気でもあるのですね。けれど、どの段階であったとしても、**「そのときだからこそ気づくこと」**があるのだと思います。だから私は、**「自分に起こることはどんなことも自分のためで、最善なこと」**なのだと実感しているのです。

「被害者にならない」と決めてみませんか

自分に困ったことやイヤなことが起こると、「自分は被害者」「相手は加害者」と思ってしまうものです。

被害者だと思うと相手を責めたくなりますが、そうするといつまでたっても元気になれません。なぜなら、「被害者」というのは、「自分は相手次第で翻弄されてしまう存在」と思っているということ。

だから、相手が謝ったり償ったりしてくれないと収まりませんが、相手はなかなか思うようになってくれません。だから、イライラが長引いてしまいます。

けれど、**「被害者にならない」**と決めて、自分が主体になると、変わるのです。

私は手術の後、足が麻痺したため、歩けなくなりました。

「手術のとき、もっと気をつけてくれていたら」と、初めは被害者意識でいっぱいでした。でも、「自分に起こることが最善」だとしたら、これも「自分のために起こったこと」。

だから、「これは、歩ける大切さを経験したいから、**私が魂レベルで協力をお願いしていたのだとしたら？」**と思ってみたら……。

相手は「加害者」ではなく、「協力者」になります。**「マイナスの恩人」**です。

すると責める気持ちが引っ込み、「被害者」な気持ちから解放されたのです。

心が軽くなって、自分の波長が軽くなるのも感じました。

そして、責める代わりに、**「なりたい自分になるために、いま自分にできること」**に集中することにしたのです。

そのときの私にとって、それは「早く普通に歩けるようになること」でした。

なので、歩いているイメージをしながらコツコツ自主リハビリを続けていたら……。

リハビリの先生に「半年以上かかる、長いお付き合いになりそうですね」と言われた足が、それから1か月で普通に歩けるまでに回復したのです！

もし自分が「被害者」だと思うことがあったら、「イヤイヤ、そうじゃない！　被害者にならないぞ！」と、自分の船の舵を自分に取り戻してください。

そして、**「これをどうやったら楽しめる？」「面白がることができる？」**と思ってみてください。

それを実践した友達が、こんなエピソードを教えてくれました。

彼女は、上司が誰かを叱責するのを聞くのが大嫌いでした。

でも、上司だけになかなか意見できません。

それで、「面白がってしまえ」と、上司に「馬頭観音」ならぬ「罵倒観音」（！）と心の中であだ名をつけたのだそうです。

「今日も罵倒観音が吠えている」「罵倒観音が興奮しすぎて変な顔になっている」「今日の罵倒観音はどんな顔を見せてくれる?」と思うようになったら……。

「上司は加害者でなく私を楽しませてくれる人。そして私は被害者ではなく、上司を楽しむ人になったら、ストレスが減って、会社が楽しくなったよ」と笑っていました。

トラブルに抵抗するのをやめて受け入れ、さらに面白がろうとすると、起こる現実も変わっていきますよ！

「今の自分」だからできることを楽しむ

でも、やっぱり「受け入れたくない！」ということだって、多々起こりますよね。

特に老化。年齢が上がると、シミやシワが増えたり、やせにくくなったり、疲れやすくなったり、老眼になったり、忘れっぽくなったり……。

以前の自分と比べて、できたことができなくなると、ショックです。

さらに女性的な魅力も失ったように思えて、落ち込んでしまうかもしれません。

私も鏡を見て、前にはなかったものを見つけるたびに、ううむとうなります。

でも、**「変化するのは当たり前！」**なのです。

この三次元では、時間の経過とともに、すべてが必ず変化します。

けれど、失ったことに目を向けていると、変化することを受け入れられません。

それに自己肯定感も弱くなるし、自分を好きにもなれなくなってしまいます。

そんなとき、今の自分を受け入れて、「マイナス5～10歳」になる方法があるんですよ。

それは、**「今だからできることを楽しむこと」**。

50代の肌がキレイな友人は、「肌が変わったので、スキンケアを丁寧にやるようになったら、優しく肌をさわる気持ちよさに目覚めた！」と言っています。

同じく50代で、趣味でジャズを歌っている仕事仲間は、「高音が出なくなったおかげで、低い音域の新しい歌にどんどん挑戦できるから楽しい」と言っています。

更年期が近づいてくると、「閉経したら女性として終わり」と思っているかもしれませんが、閉経している年齢でも、ツヤツヤで魅力的な人って大勢いますよね。

「閉経したほうが、妊娠の怖れがないのでより楽しめる」という人だっています。

「失ったもの」があるのは事実です。

でも**「だからこそできること」**もたくさんあるのです。

なので、前の自分や若い人と比較して落ち込んで、自分の活力をそいでしまったらもったいない。それよりも、「今の自分」にできることを楽しんで、よく動いているほうが、生命エネルギーが高まるので、体も活性化します。

また、**「気分が上がることをする」**のも、体を若返らせてくれますよ。

今は、スマホの写真を手軽に美肌加工できるアプリがたくさんありますので、それで自分の写真にちょっと手を加えれば、あっという間にマイナス5歳肌（笑）。

それを見て「自分もなかなかいいじゃない！」と嬉しい気持ちになっていると、脳は「自分はこんな感じ」と受け入れて、そうなるように体に作用するという研究もあるそうです。

お化粧をして、キレイな自分を見るのも同じ効果がありますよ。

すっぴんにガッカリしても、まゆ毛を描くだけで気分がキリッとしたりします。

確かに変化した現実はありますが、それで落ち込み続けるのと、気分を上げるのとでは、「その先」の現実が変わります。

「できること」や「気分が上がること」をして楽しくしているほうが、自分の若々しさが保たれるし、イキイキとした楽しい未来にもつながります。

今の自分を否定して、気持ちを下げていたら、気持ちが下がる未来になるだけですから、もったいない！

減ったところ、変化したところがあったって、自分は自分。今の自分にOKを出し、できることを見つけて楽しむこともまた、人生の面白さです！

後悔することすら最善の選択です

起こったことに抵抗するのをやめて受け入れ、できることをするようになると、トラブルやストレスが減ってくるでしょう。

でも、「ああしておけば」と思うことがあって、気がつくといつもそこに思考が戻って、先に進めない原因になっているかもしれません。

あのとき、あの人に告白していたら。

あのとき、あっちの会社に入っていたら。

あのとき、「やります」と手を挙げていたら……。

でも、**そうする可能性があったのに、しなかったのなら、それは「しないのが最善」だったから**とも思うのです。

勇気がなかった自分がダメ、ではなくて、そうしていたら今よりもっと苦労すると、自分が「予知」していたから。

もしくは勇気がない自分に後悔することで、「その次の選択」はエイヤッと勇気を奮うためだったから。

だから、**どんなに後悔したことであっても、それはそれでOK**なんです。

また、これから年齢が上がると、親やパートナー、もしくは自分の「命の決断」を迫られる機会も訪れるかもしれません。

私の友人のみやがわみちこさんは、「なんでも仙人」と名づけている、内なる慈愛の存在からのメッセージを伝えているのですが、著書の『不完全なまましあわせになろう！　なんでも仙人流《悩みゼロの教え》』（ヒカルランド）で、お父さまが病気になられたときのエピソードを紹介しています。

お父さまが重病で入院され、手術をするか、このまま看取るかの選択を迫られたとき、とても心が揺れたそうです。

手術をしない選択をしたら、即、「死」です。自分が引導を渡すようなものです。

けれど、世間体よりも何よりも、**「自分が『これが最善の愛だ』と思ったことをす**

ればいい」というメッセージを受け取り、看取ることを決めました。

そしてさらに、**「人生におけるすべての決断は、許される」**ということを、みちこさんを通じて多くの人に知ってほしいと、光に帰ったお父さまからのメッセージとして受け取ったのだそうです。

命に関わることでさえ、そのときの自分が「これが最善」と思ったのなら、宇宙から見れば、ＯＫだということ。

その苦しい思いを経験することさえ、魂レベルでは決めていたのかもしれません。

このエピソードを知ったとき、すごく胸に響きました。

それと同時に、自分に苦しい思いをさせた人も、宇宙から見ればＯＫなのだろうなと思ったのです。

許されない弱さはない。

どんな自分でも許される。同じように、どんな人でも許される。

良い・悪いではなく、それぞれが「その体験」をしているだけだと思ったら、どんなことでも受け入れて、自分を一生懸命生きればいいだけなんだと思ったのです。

どうしても「許せない」人を許せる方法

そんな話を、子どもの頃、お母さんからまったくほめられず、叩かれるといった虐待に近いこともされていた方にお話ししたら、ワッと泣き出されたのです。

「母を許すことなんてできません。母のせいで、私はずっと、自分は愛されない人間だって思っていたんです。でも、許せない自分も許せなかったんです。だけど、許せない自分も許されるんですよね。許されているんですよね？」

「もちろんですよ！」

「あんな母だって許されているなら、私だって許されていますよね。宇宙から見たら私だって愛されているんですよね」

そう言ってしばらく泣き続けてから、スッキリした表情になって、

「ちょっとだけ母を許してやろうかなって気になりました。『神さま目線』になって。

思えば、あの人もかわいそうなところがあるんです」と言ったのです。

彼女がそう言えるようになった理由は正確には分かりません。

でも、**「自分も許されている。愛されている。だから許してもいい」**と思えたことが、彼女の優しさを引き出してくれたのかもしれません。

それからのち、弟さんの結婚式で久しぶりにお母さんと会ったそうなのですが、

「前より気にならなかったんです。それにちょっといい人になっていました」

と笑っていました。

彼女の心が軽くなったので、いる世界が変わって、お母様も変わられたのかもしれませんね。

もし、後悔していることがあったら、その決断をした自分を許してあげてください。

そして、自分を傷つけた人がいたら、できたら**「神さま目線」**で、そういうことをした相手をちょっとだけ許すようにしてみてください。

それで心が少し軽くなったら、自分の世界が変わるサイン。

認め、許せた分だけ解き放たれて、自分の世界が明るい方向に変わりますから！

何が起こっても「大丈夫！」になる思い方とは

人生100年という時代。これからますます、いろいろなことが起こるでしょう。
けれど何が起こっても、大丈夫！　になる方法があります。それは、ズバリ、

「自分には最善のことしか起こらない」

と決めてしまうことです。

ならない可能性もあったのになったのなら、それはどんなに困ったことに思えても、自分が経験して、それによって気づくことがあるため。

だから、他の誰かも、今までの自分も責めなくていいんです。
ただ、「ああ、これに気づけってことかな」と得たことを見つけて、さらに、

「それを踏まえて、望むことのために今、何をすればいいか」

と考えて行動していけばいいんです。

その行動は、**「自分はこれがいい。したい」**と納得したものにしてください。

私は抗がん剤治療の副作用を抑えるためにどんなことができるのか、ネットでも探しましたし、人からもいろいろアドバイスをいただきました。

けれど、どんなものも、効果がある人もいればない人もいるし、自分に合うか合わないかも分からないのです。

だから、漢方薬を処方してもらうことなど、**「自分が、よさそうと思ったこと」**だけやることに決めました。

自分が決めて納得したことなら、もし思うような結果にならなくても「あのとき、自分はこれがいいと思ったのだから」と納得することができます。

でも人に言われたことをうのみにしていたら、「あの人のせいで」と責めてしまうし、うのみにしてしまった自分も責めるでしょう。

自分に大切なことは「自分のセンサー」がキャッチしてくれます。

「なんとなく、これが良さそう」「これがやりたい」とキャッチしたものは、宇宙からくる直感でもあって、「やっぱり自分には合っていた！」ということが多いんですよ。

日々を、**「これは納得したこと？」「やりたいこと？」**と問いかけながら進んでいきましょう。

そのうえで**「楽しくするには？」「面白がるには？」**と思っていたら、どんどん人生は軽やかに楽しくなっていきますよ。

あなたは、トラブルに翻弄されるためではなく、「自分を生きるため」に生まれたのですから！

「トラブル」にＯＫワーク

◆「トラブルが起こるのは当然」と思い、そのおかげで得たことを見つけてみましょう

◆起こったことは「自分に最善のこと」と受けいれ、できたら面白がってみましょう

◆後悔しそうになったら「人生におけるすべての決断は許される」と自分にＯＫを出してみましょう

Column

心がラクになる言葉を使いましょう

言葉には「言霊《ことだま》」といって、「不思議な力が宿っている」といわれています。言葉のパワーで、自分を整えていきましょう！

✿つい自分を責めてしまうときの言葉

「そう思うこともあるよね」「そう思ってそれでいい」「いいんだよ〜」「大丈夫！」

どんな自分も、受け入れてみましょう。

✿自分に望む未来を許可する言葉

「こうなってもいいよね〜」

ぜひポーズをつけて！

✿思い込みを解除する言葉

「そうじゃないこともあるよね?」

可能性は無限大です。

✿自分にマイナスのことが起こったときに、プラスに戻る言葉

「そのおかげで何があった?」

得たこと、気づいたこと、学んだこと、そのおかげを見つけると、マイナスの度合いが減っていきます。

✿人を認め、肯定する言葉

「まぁいいか」「しょうがない」

求めるのをやめて、「それでいい」と容認する言葉です。こだわらない人になれますよ。ただ、自分の可能性をあきらめるのには使わないでくださいね!

自分と宇宙を信じる言葉

「ないこともあるのにあったのなら、これは最善のこと！」「大丈夫。なんとかなる！」

物事を受け入れ、前に進む気力がわきます。

「人は人」と他の人から影響されない言葉

「あ、そう」「なるほどね」「そういう考え方もあるんだ」

相手が思っていることは了解です。けれど受け入れるかは自分が決めるのです！

幸せを呼ぶ言葉

「ありがたいなぁ」「嬉しいなぁ」「幸せだなぁ」

得たことに気づいたら、感謝の言葉をつぶやきましょう。感謝するほど、感謝できることがやってきますよ。

第4章

「せかしあ」することにOKを出す

「自分を世界一幸せにすること」をしましょう。
すぐに幸せになれるし、どんどん自分が満たされていきます。

幸せを呼ぶキーワード「せかしあ」とは？

「せかしあ」というのは、聞きなれない言葉かと思うのですが、これは私の造語で、**「自分を世界一幸せにすること」**の略なのです。

私は15年以上、「自分らしく、幸せに生きる方法」を調べてきましたが、「いい気分」になるのも、「願いを叶える」のも、「いいことを引き寄せる」のも、「軽やかな並行現実に移動する」のも、すべて**「自分が幸せであること」**が基本なんですね。

自分を幸せにしていたら、不満もないし、のびのびと安心して自分らしくいられるので、自己肯定感がどんどん強くなります。

いい気分ですから、いい気分のことが起こるようになって、気がつけばあれもこれもと、以前「いいな」と思っていたことが叶うようになります。

気持ちが明るくなると、その瞬間、なんだか周りも明るくなったように感じたこともあるのではないでしょうか。

「誰かが私を幸せにしてくれたらいいのに」と思うかもしれませんが、自分の望みを一番知っているのは「自分」です。

ネックレスが欲しいと思っていても、嫌いなデザインのものをもらっても喜べませんし、そもそも人に頼っていたら、いつになるかは分かりません。

けれど、自分は、一番自分が欲しいものを知っています。そして、その気になればすぐに手に入れることができます。

だから、「自分で自分を幸せにする」のが、最も外さないし、新たな幸せの引き寄せや、幸せな波長の世界に行くのも早くなるのです。

自己肯定感の弱い方は、「自分はこれでいい」「自分にはもったいない」と、自分を粗末に扱ってしまうところがあります。

それは謙虚さでもあるのですが、「自分は大きな喜びを受け取れない。この程度でいい」という思い込みを作ってしまっていたらもったいない。

自分を大事に、幸せにすればするほど、幸せはやってくるのです。

「せかしあ」には、**「体をせかしあ」**、**「思いをせかしあ」**、**「望みをせかしあ」**の3つがあります。

もっと自分を大事にして、もっともっと幸せな未来を受け取りましょう！

自分の「体」をせかしあする

体は「自分のもの」だからとムリさせていませんか

自分の体というのは、「自分のもの」と思っていますよね。

「手を上げよう」と思ったら上がりますし、「あそこに行こう」と思えば足が動きます。

自分のものと思うからこそ、ついつい、忙しいと食事を菓子パンだけにしたり、睡眠時間を削ったりしてしまうもの。

でも、実は、体は「自分のもの」ではないと知っていますか？

体を手に入れるために、誰かにお金を払ったことはないですよね。

また、「心臓止まれ！」と自分に命令しても、止めることはできませんよね。

それは心臓が「自律神経」で動いているからなのですが、「自分＝意識」だと思っていたら、この体を動かしているのは「誰」なんでしょう？

しかもこの体、行きたいところに行ってくれて、見たいものを見させてくれて、働いて美味しいものを食べさせてくれてと、自分の望みもいっぱい叶えてくれます。

走るだけの車だって高くて数千万円なのに、こんなにいろいろできる体にお金を払おうとしたら、いくらになるでしょうか？

「お金を払うので、その両目をください」と言われても、値段なんてつけられません。実は、「体を持っている」というだけで、私たちはかなりの資産家です。

そんな大事な体なのに……。

ついつい「自分のもの」だと思うと、ムリをさせてしまうのです。

しかも、この世にいられるのは、この体があってこそ。

そしてこの体があるからこそ「見る、聞く、嗅ぐ、味わう、触れる」という五感を体験することができます。

なのに、ついスマホを見ながら食事をしたり、考え事をしながらお風呂に入ったりと、五感を丁寧に感じることをおろそかにすることも多いですよね。

私は、**「体は天から授かった、この世限定の借り物」**だと思っています。

この体は、値段がつけられないくらい価値のある、かけがえのないもの。

だから、**もっともっともっともっと！！！　体を大事にしていきましょう！**

体を大切に扱うことで自分を幸せにしましょう

「自分を世界一幸せにする」ためには、「自分に何かをプレゼントをする」というのもありますが、一番の基礎は、自分を「幸せな状態」にすることです。

具体的には、**「自分が心地よく、ラクで、安心、リラックスしていられる、ゆるんだ状態」**、つまり軽やかになるようにしてあげるのです。

ですから、体の「せかしあ」でやっていただきたいのが、次のことです。

●寝る、休む

体も心も、休息をとることで、疲れがとれ、パワーがチャージされます。逆に睡眠不足だったり、眠りの質が悪かったりすると、元気が出ないし、心が不安定になってしまいます。肌触りのいいパジャマや寝具を選んで、ゆっくり休む時間をまず確保してくださいね。免疫力も上がります。

●五感を丁寧に感じる

あわただしい毎日だと、つい「ながら」行動をしがちですし、時間があるとスマホを見て情報を入れたり、ゲームをしたりと頭ばかりを使ってしまいます。

でも、**「幸せ」を感じるには、五感に意識を向けるのが一番の近道**なんですよ。

果物を、目をつぶって味覚に集中して食べてみましょう。

あふれる果汁が口の中いっぱいに広がって、甘みや酸味のなんともいえないバランスを味わえて美味しさに感動したり、果樹農家の皆さんや太陽の恵みに感謝する気持ちがわき上がることもあるでしょう。

いい香りがする入浴剤を入れたお風呂で、香りを胸いっぱい吸い込みながら、気持ちがいい温度のお湯につかると、なんともいえない心地よさを感じることでしょう。

その瞬間に「ああ〜〜、幸せ！」という感情を味わえば、自分のいる現実も「幸せ」に移動します。

五感と感情を味わうことこそが体を持って生きている醍醐味。

五感を使い、丁寧に感じることや、感動する機会を増やすことをぜひやってください。

●体に触れ、声かけをする

体は、いつか天に返す「借り物」。

だから、五感を感じ、感情も味わえ、いろんなことができるこの体を、いつか返すそのときまで、大切にいたわり、感謝しましょう。

お風呂に入っているとき、体中をなでながら「大好き〜」と声をかけたり、体の

60兆個の細胞に意識を向けて、**「今日も元気に動いてくれてありがとう！」**と声をかけたりすると、体もそれに応えてくれますよ。

自分で自分を抱きしめる、セルフハグもいいですね。

体がこわばっていたり、緊張したり、疲れていたら、体が「今、幸せじゃない」とサインを送っています。

ほぐしたり、ゆるめたり、いたわったり、休んだりして、幸せな状態に戻してあげましょう。心もホッとするし、やりたいことをするためのパフォーマンスも上がりますよ。

自分の体の価値を知り、自分の体を尊重することこそが、「自分」への愛情を高めてくれます。

「せかしあ」を樹木に例えると「根っこ」の部分。かけがえのない体を大切にすることが、「せかしあ」のスタートです。

自分の「思い」をせかしあする

「自分さえガマンすれば」がくせになっていませんか

自分が本当は思っていることを、なかなかできないときもありますよね。

人に遠慮したり、「自分さえガマンすれば」と自分に制限をかけてしまったり。

けれど、あなたが一番大切にするべき人は誰だか知っていますか？

生まれたときから死ぬまで、24時間一緒にいてくれる、唯一無二のパートナー。

さらに、「あれが食べたい」「そこに行きたい」という願いを叶えてくれて、自分の苦しさもつらさも、一番知っていてくれる存在、それは……。

「自分」なんですよね。

自分こそが、ものすごくお世話になっていて、世界で一番大切にして、幸せにするべき存在なんです。

けれど、ついついやってしまう、「自分だからこれでいいや」。

こんなふうにして、**知らず知らずのうちに自分を尊重していなかったことが、自分を大事だと思えない、自分を大切にできない心を育ててしまったのかもしれません。**

だから、今一度、自分のことをたっぷりと大事にしてあげましょう！

まずは何かをするときに**「世界一幸せにしたい人にやってあげるなら？」**という視点にしてみてください。

大げさすぎる！　と思うなら、**「自分がより幸せになるほうは？」**でもいいですよ。

いつもなら４５０円のケーキだけれど、季節限定の７００円のケーキのほうが美味しそうだったら、「コレ！」と限定品を自分にプレゼントしましょう。

そして、買ったこと、食べられることを思いっきり喜びましょう。

さらに、買えるお金がある自分、味わえる喜び、こんな美味しいものを作ってくれたパティシエに感謝しましょう。

自分で自分を幸せにする「行動」をして、「喜んで」、「感謝する」こと。

これが「せかしあ」のステップです。

そうしていくと、自分の中に、**「私は、幸せなことを受け取るのに値する存在。そして私は自分を大事にしている」**という自己肯定感が強まっていくのです。

そして喜び、感謝する感覚をしっかり味わえば味わうほど、この先また喜び、感謝することがやってきます。

心の中の「制限」に気づく

とはいえ、例えば人からの誘いに、「行くのとやめるのと、どっちが幸せ？　気分がいい？」と自分に問いかけて、思いを大切にしたいけれど、「でも」と思考が邪魔することがあるでしょう。

それは、自分の中に制限があるからです。

制限というのは**「人の制限」「お金の制限」「自分の制限」**のこと。

「やめたいけれど機嫌を損ねるかも」というのは、人に遠慮する「人の制限」。

「交通費がかかるなぁ」というのは、お金が減ることを怖れる「お金の制限」。

「行きたいけど場違いじゃないかな」というのは、自分を認めない「自分の制限」。

これらがあると、「やりたい！」と直感的に思ったことや、「こうすると自分が幸せになる！」ということをなかなかできません。

そしてそのせいで自分が小さくなってしまって、自分らしさを発揮できなくなるし、「自分はどうせ」とも思いやすくなってしまうのです。

だからまずは、自分にはどの制限があるか、気づいてみましょう。

それで、「なんとなくやっていた」から、「場違いじゃないかと、自信がなさすぎたんだな！」と気づけば、「ではどうしようか」と先に進むことができます。

進む方法の一つが、魔法の言葉**「そうじゃないこともあるよね」**を使って、自分を制限している怖れを解除していくこと。

それで「場違いかもと思ったけど、そうじゃないこともあるよね。他にも同じような人がいるかもしれないし！」と自分にＯＫを出して、「自分を幸せにすること」を自分にプレゼントして、喜び感謝すると、一つ自分への信頼や感謝が増えていきます。

小さなことから少しずつやって、「あ、これも大丈夫だった」「ああ、こうしてよかった！」ということが増えていくと、じわじわと自己肯定感が強まっていきますよ。

「お金の制限」を外しましょう

ただ、制限の中でも、「お金の制限」はけっこう強いもの。

例えば、出かけて一休みをしようと思ったとき、「カフェオレとケーキがいいな」と思ったものの、いざカフェのメニューを開くと、カフェオレ６００円、ケーキ６００円で１２００円だけれど、コーヒーにしたらケーキセットで１０００円ポッキリ。だったら、「ミルク多めのコーヒーでいいか」と、ついケーキセットにしてしまったことはありませんか？

実はこれ、「自分の望み」と「２００円」を天秤にかけて、自分の望みが２００円に負けた！　ということなんですよね（笑）。

かけがえのない自分が求めることよりも、２００円のほうが大事。

つまり、「自分の望みを叶える喜び」よりも、「お金が減る怖れ」のほうをつい優先してしまう心になっているということです。

ただ、この貨幣経済では「お金＝生活」と考えます。そのためお金を減らさないことは、「生活と命を守る」という、自分の命に関わることでもあるので、お金が減る怖れを多くの人がもっているのです。

けれど、お金というのは、少なくてもやりくり次第で有効に使えるもの。

正価だと高価な服も、リサイクルショップで探したら、ぐっと安い値段で買えます。

また、なんとなく買ってしまうコンビニスイーツを3回やめたら、高級店のケーキを買うこともできるでしょう。

さらにお金というのは、使えば使うほど、自分を豊かにし、回ってくるものでもあるのです。

セミナーによく行く若いお友達は、ちょっと高めのセミナーに参加してみたら、来ている人がハイクラスの人たちばかりで、そこで知り合った人に思いがけずいい転職先を紹介してもらったそうです。

「もし行ってなかったら、こんな展開なかったです。思い切って行ってよかった！」と言っていますが、お金を使ったことで、豊かになるご縁とつながれたんですね。

こんなふうに、**お金というのは「減るのが怖いもの」ではなく、自分の喜びのために使っていると、「形を変えて豊かになって還《かえ》ってくるもの」**でもあるのです。

ですから、お金を使うことも、少しずつ自分に許してみましょう。

ケーキセットの２００円差によろめきそうになったら、「死ぬときに貯金は２００円以上残っているはずだから、自分の思いを大切に！」と、自分が本当はしたいことをしましょう。

自分が本当はしたいことをしないでいると、「自分はどうせ、これでいい」という自己暗示をじわじわとかけ続けることになります。

「自分はこれ『で』ではなく、自分はこれ『が』」を大事にしましょう。

その積み重ねが「自分を大事にする心」を育ててくれますよ。

他人やお金を気にして自分を制限してしまっていたら、せっかくこの世に生まれて、たくさんの自由がある日本人に生まれたのにもったいない。

「自分が本当はしたいと思っていること」は何であるか、意識してみてください。

そして、それを、「世界一幸せにしてあげる人」のためにやってあげてくださいね！

「イヤなこと」から自分を救い出す！

「本当はしたいと思っていること」は、何かを「やる」だけではありません。

「やめる」ということもあるんですよ。

もし自分がストレスを感じていることがあれば、**「自分をイヤなことから救い出すこと」**もあなたの大事な役目になります。

本当は行きたくない集まりなのに、行かないと面倒くさいことになるから行っている、ということがあるかもしれません。

けれど、その間中、自分にイヤな気持ちをガマンさせるのは、自分の心にも体にも負担をかけてしまうことになります。

だから自分のために、理由をつけて、やんわりと断りましょう。

人生は、長いようで短いです。イヤなことをしている時間なんてないのです。

ママ友からのおしゃべりの誘いに困っていた方は、「参加しないと子どもが仲間外れになるんじゃないか」と心配していました。

でも、共働きのママは参加していないのです。それで、ウソも方便。「家で仕事をするようになって」と理由をつけて距離を置くようにしたら、お呼びがかからなくなったし、お子さんが仲間外れにされることもなかったのです。

大事な自分のエネルギーをそいでしまうことから、自分を救い出しましょう。

自分が本当にやりたいことをして、本当に納得して日々を生きていたら、他の人が何をやっていても「あの人もやりたいことをしているんだな」と思うだけなので、比較して落ち込んだり、うらやましく思ったりすることがなくなっていきますよ。

自分が本当は思っていること、大切にしていることをもっと尊重してあげましょう。

そうすることが、「自分にＯＫを出す」という練習にもなり、「自分らしさ」を作ることにもなります。

自分の思いを大切にすることが、「せかしあ」を樹木に例えると、枝葉の部分になっていくのです。

自分の「望み」をせかしあする

まずは「小さな望み」から叶えましょう

体や思いを「せかしあ」するようになったら、自分が望んでいることも叶えてあげましょう。

まずは**「小さな望み」**から。

「ポテトチップスが食べたい！」と心から思ったら、「でもスナックは体に悪いし、やめたほうがいいかな」と望みを妨げず、一番おいしそうに感じた製品を選んで、「うまい〜〜〜」と、思いっきり味わって食べましょう。

「今日はダラダラする！」と決めたら、「時間がもったいなくない？」という思いがわいてもダラダラして、望みを叶えて、しっかりと体を休めてください。

自分の望みを押しとどめていると、他の人が望みを叶えて楽しそうにしているときに、批判的になってしまいます。それに自分の不満もたまってしまいます。

ですから、無意識的に「いつでもできるし」とか「ちょっと高いからやめておこう」とか思っていたことがあったら、それに気づいて、自分のために叶えることが、ものすごく大切なんですよ。

そして、「自分の望み」を、あきらめずに叶えてあげましょう。

休日前に「よーし、明日は映画を観に行くぞ！」と思っていたのに、雨降りだったので、「まぁ、いいか……」と思いそうになったら、「いやいや、楽しみにしていた映画なんだから、私を連れて行ってあげよう！」と、出かけましょう。きっと、迫力ある大画面と大音量を、ふかふかのシートで思いっきり堪能することで、心が躍りますよ。また、「もっと部屋が片づいているといいな」と思っているのに、やっていないことがストレスになっているのなら、まずはテーブルの上だけでも片づけてみましょう。

そして「キレイになった！」と喜んで、それをやった自分をほめ、感謝してください。部屋は自分を充電させる大切な場所です。

持ち物も、もう自分を幸せな気持ちにさせてくれなければ、今までに感謝して、手放す頃合いです。ヨレヨレの下着が、引き出しの奥にしまってありませんか？

持ち物や自分の部屋というのは、「延長した自分の一部」なんです。

それが納得したものでないから、自分自身にも納得できない、ということにもつながります。

今の自分を幸せにするものだけを残し、新たに買うのは**「これは私を幸せにするために買ったもの！」**と、見るたびに気分が上がるものにして、自分の周りをお気に入りのもので満たすようにしてみてくださいね。

ずっとやってみたかったことを自分にプレゼントする

自分を大事にすることが習慣になってきたら、今までやってみたかったけれど、「私にはもったいないんじゃないか」などと制限をかけてやらなかった、自分がときめくことを自分にプレゼントしてあげましょう。

Q. あなたが今までやりたかったけれど、やっていなかったことは何ですか？

この問いをセミナーでしたら、「話題のお店でパンを買います」「今度の連休、家から一歩も出ずにゴロゴロします」「気になっていた体験講座に参加します」「オバマ元大統領も食べた、銀座久兵衛のお寿司を思い切って食べに行きます！」と、いろいろな答えが返ってきました。

そして後日、やってみた感想を聞くと、**「やっぱりよかったです！」**と言うのです。

やってみたいことを叶えたワクワク感。自分を喜ばせることができた自分への感謝や自信。さらに「やりたいことをやっていない」と自分を責めることがなくなるので、スッキリするんですね。

「大リーガーになってみたい」と考える女性はあまりいないでしょう。それは自分とはかけ離れていると思っているから。

けれど、「いいな」と思うことというのは、ちょっと背伸びしたり、制限を外したりすれば「できる」と分かっているからそう思うもの。

「『やってみたい』と自分の魂が願ったことを、体を持った自分が叶えてあげる」というのは、生まれてきた目的の一つなんですよ。

さらに、自分の願いを叶え、自分を幸せにしていると、新たな幸せも起こることになるようです。

私は、長年の夢だった豪華客船のクルーズ旅行に思い切って申し込みました。

憧れのクルーズ旅行で、毎晩フレンチのディナーを食べ、船内の劇場でのショーを楽しみ、外国人と一緒にジャグジーでおしゃべりし、パーティーやダンス、ナイトクラブ、絵のオークションなど、日ごろやったことがないことを母と一緒に体験できて、とっても楽しかったのです。

「憧れていたことを、自分のために叶えてあげる」というのが、どれほど魂が喜ぶことかを実感しました。

それだけではありません。魂が喜ぶことは、もう一つ起こったのです。

実は「これに参加したら、どんな楽しいことがあるんだろう！」と、ワクワクしながらクルーズの参加を申し込んだら……。

なんと、その月の終わりに、想定外のプロポーズを受けたのです！

クルーズに申し込んだのは1月、参加したのは7月だったのですが、5月に結婚して、人生の新たなクルーズもスタートさせることになりました（笑）。

自分を幸せにしてあげることは、新たな幸せをどんどん生み出すことです。

自分のために、自分の願いを叶えていきましょう。

そうすることが、「せかしあ」を樹木に例えると、花を咲かせ実をつけ、自分を充実させることになるのです。

1日1回「せかしあ」するヒント

毎日、1回以上、自分を「せかしあ」することを習慣にしましょう。

自分をより大切にすること、幸せにすること、望みを叶えることを、小さなことから、一つ一つ。

お金がかかることでなくてもいいのです。

「シャワーですまさず、湯船につかった」のも、体がほぐれる、体のせかしあ。

「通勤のとき、ちょっとだけ足を止めて、花壇を見てなごんだ」のも、心のせかしあ。

そうやって毎日自分を幸せにし続けることは、「自分は大事な存在だ」と思う心を少しずつ積み重ねることになります。

やったことを、しばらくスケジュール帳などにメモしておきましょう。

メモを見返すと、「これだけ自分を大切にし、幸せにしたんだ」と改めて実感することができますよ。

自分をタップリと幸せにして、心に余裕ができたら、さらに幸せを増やす方法があります。

それは**「人に『せかしあ』すること」。**

人を喜ばせると、相手も幸せになるし、そうできた自分も誇らしく、嬉しく、自信がつくので、さらに自己肯定感が強まります。

ほめたり、話を聞いたり、優しさをプレゼントしたりと、できることをしてみましょう。

そのときに反応を期待しすぎると、それが外れたときガッカリしますので、

「喜ぶといいな。喜ばなくても、自分がやりたかったからいいか！」

と思うくらいの気軽さでやるといいですよ。

恩を着せずに人を喜ばせる人は、間違いなく愛される人になるでしょう。

自分を大切に幸せにすることは、自分を満たし、自己肯定感を強めてくれます。

「誰かが幸せにしてくれたら」ではなく、「私は、自分も人も幸せにできる」と気づ

いて「せかしあ」していたら、自分も周りの人も幸せになりますし、新たな幸せもやってくるようになります。

だから、**自分を幸せにすることは、自分のため、周りのため、未来のためにも必須！**なんですよ。

誰に遠慮することなく、楽しみながら「せかしあ」してくださいね！

「せかしあ」にOKワーク

◆五感にもっと意識を向け、例えば食べるときには目をつむって食べて、味覚と食べ物の素晴らしさを感じましょう

◆何かをするとき「世界一幸せにしたい人にやってあげるなら？」で選びましょう

◆小さな望みを毎日叶えましょう

Column

感謝上手になる秘訣

あなたは、「ありがとう」とか「ありがたい」とよく言うほうですか？

感謝すると自己肯定感が強まるのです。

なぜなら、「ありがたい」と感謝するときというのは、「自分はありがたいものを受け取る価値がある人間なんだ」と、自分を認めることにもなるからです。

ただ、「感謝したくても、したくなることが起こらない」ということもありますよね。

そんなとき、「感謝の三段階」をマスターしておくと、毎日を感謝いっぱいで過ごせるようになりますよ。

「感謝の三段階」には、「初級」「中級」「上級」があります。

感謝の初級は、「いいことがあったら感謝する」。

思いがけないプレゼントをもらった。困っているときに助けてもらった。福引で旅行券が当たった……。

いいことがあると、嬉しくなって感謝したくなりますよね。

これがいわゆる普通の「感謝」なのですが、そうすると感謝する機会はたまにしかありません。ですので、中級に進みましょう。

感謝の中級は、「困ったことがあったら感謝する」。

「困ったことになんて、感謝できない」と思うでしょうが、実はできるんですよ。

家を出かけるときパンプスを履こうとしたら、ストッキングが伝線してしまった！　なんてツイていないんだ！　と嘆くところですが、そこですかさず、**「ありがたいなぁ～」**と言ってみるのです。

そうすると、脳は感謝できる理由を探し始めます。

それで「ああ、出先でなくてよかった！　家なら買い置きがあるけど、コンビニを見つけて買って、トイレで履き替えると時間をロスするし、コンビニだと高いし！」と思ったら、「家で伝線してよかった！」と感謝できるでしょう。

そんなふうにして、困ったことにも感謝できるようになると、困ったことが起きても心に余裕ができるので、解決が早くなります。

しかも「いいことがあったら感謝、悪いことがあっても感謝」するので、感謝の回数も増えていくのです。

さらに、もっと感謝を増やす方法があるんですよ。

感謝の上級は、「当たり前のことに感謝する」。

実は、当たり前のことこそ、感謝の宝庫なのです。

コンビニでチョコが１００円くらいで買えるのは、今や当たり前です。

けれど、このチョコには、カカオの実を育てた大地と雨の自然の恵みと、ガーナやエクアドルの農園の人の労力、さらにカカオをチョコに加工することを発明した先人の知恵、そして日本までカカオを運んで、美味しく加工してくれた会社、各コンビニに運んでくれる流通システム、道路があること、そして販売してくれる店員さん……。

それらがすべて入って１００円だと思うと、「安っ」と思いませんか？

そしてそのどれが欠けても手に入らなかったと思い、この１００円のチョコレートを食べられることが、どれほどすごいことなのかをしみじみ感じたら、心を込めて味わうとともに、感謝したくなるでしょう。

体が動くこともそうですよ。

私は足の麻痺を経験しましたが、筋肉はあるのに神経が通らず動かない現実に、「歩けるのは当たり前ではなく、筋肉と神経の繊細な連携の上に成り立っている、何かあったらすぐダメになる、もろいものなのだ」と痛感しました。

「体が動くのは当たり前でなく、奇跡」

そう思うと、体への感謝に気づけますよね。

そうやって、**「当たり前のことはありがたい」**と思っていると、自分の周りには無限の感謝の種を見つけることができます。

落ち込んだときに、「それでもふとんの中で眠れるのはありがたいかも」と思うだけでも、自分の波長がフワッと軽くなるでしょう。

私の親戚のおばあちゃんの口ぐせは「ありがたい、ありがたい」でしたが、一緒にいると心が安らぐので多くの人に好かれ、いつも笑顔で、96歳まで元気に長生きしていました。

感謝していると新たな感謝したくなることが起こるようになります。自分の世界も変わります。

小さなことでも喜び感謝し、しんどいときも感謝できることを見つけてみましょう。感謝すればするほど、自分の世界が感謝したくなることであふれるようになりますから！

第5章

「幸せな未来」にOKを出す

自己肯定感が強くなると、幸せな未来への扉が開きます。やってくる幸せをしっかりと受け取りましょう。

悩みの根本原因は「自分の未来への不安」

私は、多くの方のお悩みをたくさんお伺いするうちに、人が悩み、迷う原因の一つが分かってきました。

とっかかりは、陰口が多い同僚だったり、うまくいくか分からない恋愛だったりするのですが、その奥にあるのは**「自分の未来への不安」**なのです。

自分の態度によって相手がどう出るか分からないという「うまくいくかの不安」。

望むことを自分が受け取れるか、幸せになれるか分からない、「自分への不安」。

誰でも「うまくいかせたい」「望むようになったらいい」と思うのですが、**「未来は未定」**です。

どう転ぶか分からないし、今までうまくいった経験が少ないと、よけいに「うまくいかなかったら」と思いやすくなります。自己肯定感が弱ければ弱いほど、自分を信頼できないので、未来が不安になってしまうんですね。

未来のことは分かりません。でも、未来のためにできることはあります。

第1章で「いい気分になれば、いい気分のことが起こる」、「思いや感情の波長が軽くなれば、軽い世界に移動する」とお伝えした通り、**「未来は自分次第で変えられる」**のです。

未来を公式で表すと、ズバリ！

「未来」＝「今の思いと感情」×「行動」になります。

「自分の思いと感情と行動」によって、起こることも未来もどんどん変わるのです。

必死にお願いするほど叶わない理由

けれど、「こうなってほしい！」と心から思って、そうなるための行動もしたのに、うまくいかなかったことはありませんか？

実は**「お願い」というのは、必死であればあるほど叶わないのです。**

私は、卵巣が腫れて手術するとき、開腹するまで、正確には悪性かどうか分かりませんでした。なので、「開けてみたら良性だった！」という未来が欲しくて、「良性でありますように、良性でありますように！」と力いっぱい願って、体がよくなるよう、温めたり動いたりしたのです。

が、結果は悪性でした。

そのときに、アッと気がついたのです。

「良性でありますように！」と強く思っていたのは、「悪性だったら」という思いを、より強く持っていたからだ！　と。

「執着すると叶わない」と聞いたことがあるかもしれませんが、まさにこれ。

「どうしてもこうなってほしい！」という思いが強いときは、それ以上に「そうならなかったら」という思いを強く持っているので、そちらが叶ってしまうのです。

知っていたはずなのに、まんまとやってしまいました（笑）。

深刻になると、叶わないのです。

なので、思い方のコツは、「こうなりますように！」「こうしなきゃ！」と深刻になったり、執着したりするのではなく、**「なるよね～」と軽やかに信じたり、神頼みでも、喜びや楽しさをもって「こうなりたい」「こうなります」と爽やかに宣言したほうが、軽やかに叶う**のです。

なぜなら、それだけ「それが起こることが当然」と思っているから。

私はそれで結婚を叶えたのに、がんのときは深刻になったので、忘れてしまっていたのですね。

深刻になっているのに気づいたら、まずは深呼吸して、笑顔になって、リラックスです！

「いい気分」は「いい未来」を連れてくる

「未来」＝「今の思いと感情」×「行動」ですから、「今」、不安や心配や怖れを感じていたら、それが増幅された未来になっていきます。

だから、怖れを感じたまま、不安なまま、焦ったまま、がむしゃらに動こうとしても、「泣きっ面にハチ」なことが起こりやすくなるだけ。

未来は未定ですから、不安や怖れが起こるのは当然のことです。

けれど、それを味わったら、「いい気分」に戻るようにしてみましょう。

「いい気分に、頑張ってならなきゃ！」ではないのです。

私たちは、**「リラックスした、いい気分」なのがもともとの状態。**

赤ちゃんが、のびのびと笑っているあの状態です。

それが、いろいろなことが起こって自己肯定感が弱まったこともあり、だんだんのびのびできず、生きづらさを感じるようになっていったのです。

だから、不安だったり、自分の心の狭さを感じたり、人に対して批判的になったりするのも、性格じゃないんです。

ただ、波長が重くなって、**本来の自分より「余裕がない」だけ。**

そういう、いい気分でないときのほうがイレギュラーなので、戻せばいいんです。

やり方は、「そうじゃないこともあるよね」と怖れを解除したり、「ない」でなく「ある」や感謝できることを見つけたり、「せかしあ」したりすること。

そうして、自分をゆるませて、幸せないい気分になることをしていきましょう。

いい気分になれば、体がリラックスして、元気が出ます。心に余裕ができるのでいい発想がわきますし、人にも優しくできます。そしていい気分の世界に移動して、いいことが起こるようになっていきます。

私もがんになったとき、初めは不安でいろいろネットで調べて、さらに不安になっていました。けれど、**「そうだ、いい気分になれば、いい気分の未来が来るんだった」**と思い出したのです。

それでネットで映画を観たり、面白い番組を見たり、友達とカラオケしたりと、楽しいことばかりをするようにしました。楽しいことをしていると、免疫力も上がるのです。さらに、そういう時間を持てるのは、生活費を稼いでくれる旦那さんのおかげだと、前以上に感謝の気持ちがわくようにもなりました。

そのようにして、不安より楽しさや感謝のほうが大きくなったからでもあるのでしょう。自分に向いた体力を底上げする方法もキャッチし、思ったよりも大変でなく抗がん剤治療を乗り越えられたのです。

そしてその後には、姉の住むバリ島や、沖縄、九州、四国、北海道を旅するなど、楽しいことや感謝することを、またたくさん経験できるようになりました。

自分の気分にもっと意識を向けて、気分が沈んでいたり、体がこわばっていたりしたら、お茶を一服したり、肩を回したり、気分転換したり、楽しい気持ちになることをして、心をゆるませましょう。

「いい気分でワクワクすることを考える」×「やりたい行動をする」＝「幸せな未来」の扉が開くのです！

自分の「やりたい」がベストチョイス！

いい気分に戻って、「こうなりたいな」と思っていたら、幸せな未来の方向に向かっていきます。ただそこで迷うのが「行動」なんですよね。

気になる人がいるけれど、押しすぎたら敬遠されてしまうかもしれない。

けれど引いたら、好意が伝わらないかもしれない。

かといって中途半端だと、今までと変わらない。

「うまくいかせたい」と思えば思うほど悩んでしまうでしょう。

さらに自分に自信がないと、誰かや何かに頼りたくなりますが、うまくいけば依存してしまうし、うまくいかなければ責めることになります。

それに頼りすぎることは、自分の舵を他人に譲り渡すことです。

だから、そういうときこそ、今一度、思い出しましょう。

「自分に最善のことが起こる」と。

まずは「自分に起こることは最善のことだから」と思い、リラックスしたいい気分になることをして、思いと感情をゆるめます。

そして**「これからどうしたい？」と思って、頭に浮かんだことや、そう思いながら情報を検索していたときに、なんとなく「これをしたいな」と思ったことをやる**のです。

そのときに「思い切って彼を誘おう！」と思ったら、それは宇宙が直感を通じて「こうしたほうがいいよ」と伝えてくれたことです。

「でも」「もし」と、あとから思考がいろいろと意見してきても、「今度、一緒にどうですか？」と伝えてみましょう。

そうしたら「いいですね」と乗ってくれるかもしれませんよ。

けれど、逆に「その日はちょっと」と断られてしまうかもしれません。

でもそれで、「うまくいかなかった。直感も自分も信じられない！」と思うのは早すぎます。

それでも「やっぱりあきらめきれない」と思ったら、「別の日はどうですか？」と訊いてみましょう。「この日だったら大丈夫、よかった」と連絡があるかもしれません。

けれど何度やり取りしても、のらりくらりとかわされてしまい、「なんかもういいや」とあきらめてしまうかもしれません。

でも、思い切って誘わなければ、片思いの期間がどんどん延びて、本物のパートナーに出会うのが遅くなるので、やっぱり「最善」だったと気づくことになるでしょう。

どんなに恋愛のマニュアル本を読んでも、「その人」に当てはまるかは分からないのです。参考にはなりますが、一番大事なのは自分の感覚。


自分がいい気分で「こうなりたい」と決めたときに、「こうしたいな」と思ったことが、自分にとってのベストチョイスなのです！


48歳で結婚した受講生さんは、結婚相談所で、探す相手の年齢差をそれまで5歳にしていたのですが、なんとなく「10歳まで広げてみようかな」と思いました。

すると、それまで2か月紹介がなかったのが、いきなり30名から申し込みがあり、8歳差の心から信頼できるパートナーと出会うことになったのです。

「思ったことを行動に移さなかったら、彼とは今も出会えず、結婚もしていなかったと思います。**『なんとなく』を無視しないで本当によかった！**」と言います。

あなたにも、「なんとなくこうしてみようかな」と思ったことが、嬉しいことにつながったことはありませんか？


自分に必要な答えは、自分が持っているのです。

すべての経験は、いつか自分のために

けれど、「こうしたいと思って行動しているのに、なかなかうまくいかない」ということもありますよね。

「結果」だけを見ていると、うまくいかないことがあったら、なかなか自分の未来を信じられないかもしれません。

でもその前に、自分が深刻になりすぎていないか、さらに自分の本音は、「それが叶うと実は大変」と思っていないかチェックしてみてください。

もしそれらが大丈夫だったら、今はまだタイミング待ちをしているのです。

もしくは、**「今経験していること」が、自分に必要**なのかもしれませんよ。

「幸せ」というのは、「望みが叶うこと」や「思い通りになること」という「結果を出すこと」だと思っているでしょうが、それだけではありません。

幸せは、「結果」ではなく、「過程」なんです。

「結果」は、頭では気づかない魂レベルでの願いも関わってくるので、頭でどんなに「こうなってほしい！」と思っても、どんなに努力しても叶わないことが必ずあります。

けれど、うまくいかないからこそ、いろいろ試行錯誤するということもあるでしょう。

そういった、「それだからこそ」の経験を、自分が必要としていることもあるのです。

10年婚活をしていた友人は、なかなかうまくいかなかったので、心理学やコミュニケーション学を学び、ファッションを工夫し、結婚相談所も婚活アプリも活用し、と様々なことをやるようになりました。

そしてその長い過程があったおかげで、「婚活している人の気持ちは一番私が分かる！」と、今は婚活コンサルタントの仕事をするようになっています。

このように、やっている過程で味わった大変さや経験はすべて、長い目で見ると、「あれがあったから、今があるんだな」と、自分の役に立っていると分かることもあるのです。

だから、**大切なのは「過程」。**

目的のためにいろいろチャレンジして、泣いたり笑ったり学んだり気づいたりする過程こそが「生きている！」と実感することであったりします。

「これをしなきゃ困るから」という「怖れ」で行動するのではなく、「これをすると楽しいことになるから」という「喜び」で行動するようにしてみましょう。

そうすると、「過程」がより楽しくなるし、楽しい結果も出やすくなりますよ！

大事なのは「今、この瞬間」

思ったことがなかなか起こらない理由の一つは、**「ムダな妄想」**もあります。

想像力の豊かな方ほど、「ああなったらどうしよう」「こうなったら困るな」「どうせこうなる」などと、望まないこともたくさん考えるでしょう。

でも、宇宙というのは、今この瞬間にも、つながっている私たちの思いと感情を受信して、思いを実現させてくれようとしています。

宇宙には、人の感覚の良い悪いはありません。

ただ、その思いや感情の「強い」ほうを採用します。

なので、「こんなこと起こってほしくない！」と思っていても、「こんなこと」を怖れる気持ちのほうが強かったら、そちらが叶ってしまいます。

だから、危機管理は大事ですが、その対策を練ったら、あとはもう**「こうなるといいよね！」と望むことを、いい気分でイメージしていたほうがいい**のです。

自分がムダな妄想にエサをやっていることに気がついたら、「やめやめ！」と、望むことのほうにエネルギーを注いでください。

大事なのは「今、この瞬間、何を思い、何を感じ、何をするか」。

職場にすごくイヤな人がいて自分を傷つけているとしても、会社から離れた自宅では、その人が目の前にいて自分の首を絞めているわけではありません。

なのに「今」、その人のことを考えて、イヤな気分になっているのだとしたら、原因を作ったのはもちろんその人なのですが、思い出しているのは自分。

だから、**「自分が思うことをやめればいい」**のです。

その人のことで自分は悶々《もんもん》としているのに、その人はこちらのことなど考えず、美味しいパフェなんか食べているのだとしたら、悶々としている自分がもったいない。

さっさと頭から追い出して、「今」、自分が楽しくなることをして、気分をゆるめましょう。

体がこわばっていたら、顔に微笑みを浮かべて、肩を回してほぐしましょう。

そして、自分の心と体をゆるめてから、「こうなるといいな」とニヤニヤしながらイメージして、望むことが起こったときの感情も、気持ちよく味わってください。

そのとき、感情や五感をリアルに感じると、より実現が早くなります。

このアドバイスを聞いて、職場の同僚から「また明日も嫌味を言われるのか」と悩んでいた方は、好きなアイドルのＤＶＤを見て気分転換をしてから、寝る前に「笑顔で働けて嬉しい！」という望む職場になることをイメージしてニヤニヤすることを始めました。

そうしたら、「だんだんその人が気にならなくなってきました」と言っていたので、

「現実が変わってきましたね」と喜んでいたのです。

そうしたら、さらにしばらくすると、なんとその嫌味な同僚が、ご主人の転勤で引っ越すことになったというのです！

彼女は同僚が引っ越すことをイメージしてはいなかったのですが、相手を直接変えようとしなくても、自分の心の持ちようで、思いがけない形で望むことが不思議に起こることもあるんですね。

ですから、イヤな気分になったら、ムダな妄想をストップ。

そしてリラックスしていい気分で望むことのほうをイメージする。

それを続けていくと、自分の心も落ち着くし、現実も未来も変わっていきます。

そして嬉しいことが起こるのがだんだん当たり前になってきて、「私なんて受け取れない！」ではなく、「ようやく来たか！」と受け取れるようになるのです。

「受け取り上手」にチャンスはやってくる

心をゆるめて、「せかしあ」していくと、まず、毎日が楽しくなってきます。

そして人間関係がよくなり、恋愛や結婚もうまくいくようになっていきます。

さらに昇給したり、ご馳走されたりプレゼントをもらう機会が増えたりと、豊かさもやってくるようになるでしょう。

そうしたら、思いっきり「受け取り上手」になってください。

チャンスも、嬉しいことも、自分にやってくるものは、**「自分に受け取る価値があるからこそやってくる」**のです。

遠慮するのは、相手の好意や宇宙からのプレゼントを拒否するということ。

なので「待ってました！」と笑顔で受け取りましょう。

さらに言うと、**自分が自分を認め、受け取ることを許可した分だけ受け取れる**のです。

少しでも制限を外して「せかしあ」すると、「もうちょっといけそう」「これも大丈夫」と思うことが増えていきますよね。

そうすると、外から受け取るものも増えていくのです。

だから、「自分にはムリ」と自分を信じないでいるのは、そろそろやめにしませんか？

なぜなら、あなたが来世に生まれ変わるときに、今の日本のように、世界中のものが手に入って、好きな人と結婚できて、一人で旅行できて、好きな職業につけて、という自由度の高い国に生まれることができるかなんて分からないのです。

そもそも、人間として生まれてこられるかだって分かりません。

けれど**「今」なら、できるんですよ。**

人と比較して、落ち込んでいる場合ではありません。その人はその人の経験をしているだけ。

過去の自分と比較して、落ち込んでいる場合ではありません。そのときの自分と今の自分の経験することは違います。

いきなり限界突破なんてしなくていいのです。

ほんの０・１歩でも、小さなことから一つ一つ、自分を大切にすること、今の自分がやりたいことをやることで、自信をつけていきましょう。

自分が納得することを、自分のために、後悔しないためにやりましょう。

うまくいかないことだって、自分が魂レベルで許可していたこと。

だから自分や何かを責めるのではなく、**「だったら、この状況を一番楽しめるとしたら？」**と楽しいことを見つけてください。

すると、「あ、なるほど、だからこうだったのか」と気づくことが起こりますよ。

この前、仕事のお客様にこんなことが起こりました。

新しもの好きなので、渋谷に出店したスイーツのお店に並んだものの、お目当ての品がちょうど自分の前で完売してしまったのです。

わざわざ遠くから来ていたこともあり、大ショック、ガッカリです。

でも、お昼だったので、自分を慰めるために奮発してうなぎのお店に入ったら……。

なんと大好きな俳優さんが、隣のテーブルにいたというのです！

転んでも、必ずつかめるものがあります。

いえ、それをつかむために、転んだのかもしれませんよ。

「自分には最善のことしか起こらない。うまくいかないなら、それが最善のことだから」

転ぶことも怖くないのですから、軽やかに進み、受け取りましょう！

あなたの夢は あなたが叶えるのを待っています

「やってみたい」をあきらめないでください。

「気になること」があったら、「面倒くさい」という「ものぐさの誘惑」や、「どうせ」という思い込みでやめてしまわないでください。

私は、人が体と思いと五感と感情を持って生まれ、宇宙の応援をもらいながら生きているのは、**「やりたいことをたくさん経験して、自分らしく生きるため」**だと思っています。

宇宙から見たら、失敗だってまるっとＯＫ。

何をしたって、「よく経験した！」なのです。

だからもっと、本来の自分でいられるよう、自分らしさを出していいんですよ。

ガマンしていたことがあったら、やってしまってもいいんですよ。

Q. あなたが死ぬまでにやりたい5つのことは何ですか？

「これをやらなかったら死ねない！」ということはありませんか？

飛行機に乗って、あこがれている人のコンサートに行くことかもしれません。

ニューヨークのマンハッタンを闊歩《かっぽ》することかもしれません。

仲たがいしている親に、思いを伝える手紙を書くことかもしれません。

学生のとき以来やめていた、小説を書くことかもしれません。

明日、大地震が起こって、いつもの日常が消えるかもしれないのです。

やるなら**「今でしょ！」**です。

小説を書くことを25年ぶりに復活させた友人は、通勤のすきま時間や寝る前の30分にコツコツと書くようになり、小説投稿サイトにアップし始めました。

「書いていると、仕事のことを忘れられて気分転換になるし、アクセス数も増えてきて、読者さんがいるのが嬉しい！」と言い、すごくイキイキとしています。

しかも、「感じが悪いコメントもくるんだけど、その人のために書いているわけじゃないし、嫉妬されるくらいになったのかと思うと、逆に励みになっちゃうよ」と、好きを貫くと、強くなることも教えてくれます。

あなたの夢は、あなたに叶えてもらうのを待っています。

自分のやりたいことをやり、その過程を楽しみ、何が起こっても面白がっていたら、毎日が楽しいだけではなく、「未来に何があっても大丈夫」という自信も持てるようになるでしょう。

それと同時に、「自分いいね！」と思う気持ちも強まっているはずです。

喜びと感謝に満ちた幸せの扉が、今開かれました

この本を通じて、自分にＯＫを出すこと、人にＯＫを出すこと、トラブルにＯＫを出すこと、せかしあにＯＫを出すことで、幸せな未来を受け取る自分にＯＫを出すことをやってきました。

どんな自分も「それもあるから自分」と受け入れ、どんなことも「それが最善だったから」と受け入れ、「そのおかげで今の自分がいて、これからどうしたいかが分かったんだ」と受け入れてみませんか？

私たちは、小さな存在ではありません。

苦しいことも、楽しいことも、「体験したい」から経験し、自分の望むところに行ける存在なのです。

だから、今、自分がいるところが大変に思えても、それは必ず変わります。

「こうしないと困るから」という「怖れ」ではなく、「こうするのが楽しいから」という「喜び」をもって行動しましょう。

そして「今の思いと感情」を幸せにして、「今の自分」が納得することをやり続けていたら、後悔のない、喜びの世界を生きられるようになるでしょう。

困ったことは、人生のスパイス。なくなることはありません。

でもそれは「余裕がない自分」も体験しようとしているだけ。

だからそれに気づいて、「ではどうしたらいいだろう」と行動したら、早く、上手に切り抜けられて、「ああ、やっぱり、もっと幸せになるために、あれが起こったんだな」と答え合わせができるはずです。

あなたは、「あなたを生きるため」に生まれてきました。

足りないところを責めるのではなく、できているところを認めましょう。

落ち込む自分も責めてしまう自分もいてもいいんです。

あなたが、どんな自分も「可愛いなぁ」と認めて受け入れると、あなたの器はどんどん広がります。

そしてあなたが自分を信じると、制限から解放され、無限大の未来が待っています。自分を大事に心地よくし、喜びや感謝を感じながら望むことを思い、楽しみ、面白がりながら行動していきましょう。

大事に扱われて心地よく、喜びと感謝にあふれる幸せな世界が、あなたの前に現れるようになりますよ！

「幸せな未来」にOKワーク

◆「いい気分になるといい気分の未来になる」と思い出し、深刻になっていたら、リラックスしましょう

◆「今の思いと感情」を幸せにして、「今の自分」が納得することをやりましょう

◆やってみたいことは「今から」やりましょう

おわりに

ありがとうございます。この本を手に取って、ここまで読んでくださって、心から感謝いたします。

自己肯定感が弱くて体を痛めた経験がある私は、自己肯定感を強めていったことで、結婚もし、大きな体のトラブルも乗り越えることができました。

「何よりも大事なものは自分」

だから、自分を後回しにして、人ばかりを優先していると、心のモヤモヤや体のトラブルなどが、「もっと自分に目を向けて」という「お知らせ」として起こるように思います。

ですから、自分が軽やかでいられるものの見方をし、自分を大事に幸せにし、五感を丁寧に味わい、思いと感情をいい気分にして、のびのびと自分らしくいるようにしていきましょう。そうすると、周りがその自分を受け入れるように変わっていきます。
自分を満たすと、満たされる現実がやってきます。
「もっとラクに幸せになっていい」と自分にＯＫを出せば、もっとラクに幸せになっていきます。

ぜひこの本のメソッドを楽しみながら続けて、自分らしく幸せでありながら、周りが心地よく変わっていくのを楽しみにしていてください。

この本を作るにあたり、出版プロデューサーの遠藤励起さん、青春出版社の野島純子さんにたくさんのお力をいただきました。ありがとうございます。

そして、この本を読んでくださったあなた。
あなたが、この本を通じて何かを受け取ってくださるからこそ、この本を最善のタイミングで書かせていただけたのだと思います。本当にありがとうございます。
あなたがたくさんのＯＫを出して、たくさんの喜びと幸せを受け取り、笑顔がこぼれる心地よい毎日になりますよう、心から願っております。

ハッピーライフ・コンサルタント　恒吉彩矢子

【参考図書】

理解の助けになる、恒吉彩矢子の著書です。

●「『喜び』と『怖れ』の法則」について

『仕事と人生が１００倍うまくいく！「喜び」と「怖れ」の法則』（きこ書房）

●「領域侵犯」や「承認欲求」について

『シアワセになる仕組み　９割の悩みは《たった４つの心のクセ》で解消する』（ヒカルランド）

●「せかしあ」について

『世界で一番幸せになる！ ときめき自分ノート』（かざひの文庫）

『世界で一番幸せになれるプリンセス・ブック』（PHP 研究所）

●「引き寄せ婚活」について

『いままで結婚しなくて正解だったと思える本』（きこ書房）

その他の本

『何があっても「大丈夫。」と思えるようになる　自己肯定感の教科書』（中島輝／ SB クリエイティブ）

『自己肯定感が低い自分と上手につきあう処方箋』（大嶋信頼／ナツメ社）

『マンガでわかるココロの不調回復　食べてうつぬけ』（奥平智之／主婦の友社）

『不完全なまましあわせになろう！なんでも仙人流《悩みゼロの教え》』（みやがわみちこ／ヒカルランド）

『前祝いの法則』（ひすいこたろう・大嶋 啓介／フォレスト出版）

著者紹介

恒吉彩矢子（つねよし　あやこ）

ハッピーライフ・コンサルタント。東京女子大学を卒業後、大手金融機関に勤めていたとき、ストレスに悩んで心や体を痛めたことをきっかけに、心理学やカウンセリング、アロマセラピー、整体、ヒーリング等さまざまな勉強を始める。2001年から、「同じような悩みをもつ方々のお役にたてれば」と、のべ5000名以上にアドバイスやセッションを行っている。さらにその経験や、成功法則や宇宙の法則を学び、多くの成功者と交流することによって、独自の「ツキを引き寄せる法則」「幸せになる仕組み」を研究。ブログ、書籍、講演活動やセッションを通じて、自分らしく幸せに生きるためのメッセージを発信している。著書に、『幸運が舞い込むプリンセスルール』（KADOKAWA）等多数。

公式HP　http://www.tsukiten.net/

◆この本を読んでご感想をお送りくださると、「特別エッセイ　自己肯定感をさらに強める4つの習慣」をプレゼントいたします。

http://www.tsukiten.net/present.html

からご応募ください。

「自《じ》己《こ》肯定感《こうていかん》」の持《も》ち方《かた》で
あなたのまわりが変《か》わりだす

2020年4月1日　第1刷

著　者　恒《つね》吉《よし》彩《あ》矢《や》子《こ》
発行者　小澤源太郎

責任編集　株式会社プライム涌光
電話　編集部　03(3203)2850

発行所　株式会社青春出版社
東京都新宿区若松町12番1号 〒162-0056
振替番号　00190-7-98602
電話　営業部　03(3207)1916

印刷　中央精版印刷　　製本　大口製本

万一、落丁、乱丁がありました節は、お取りかえします。

ISBN978-4-413-23154-1 C0095